VIIIᵉ CONGRÈS PRÉHISTORIQUE DE FRANCE

Session d'Angoulême, 1912

COMMUNICATIONS

FAITES

Par M. A. COUSSET

LE MANS

IMPRIMERIE MONNOYER

12, PLACE DES JACOBINS, 12

—

1913

Le Pas de la Mule de Saint-Maurice, à Esse, près Confolens (Charente) : Sculptures sur Rocher d'un Sabot de Cheval et de Rainures.

PAR

A. COUSSET (Etaules, Ch.-I.) et M. BAUDOUIN (Paris).

INTRODUCTION.

HISTORIQUE. — Le *Pas de la Mule* des environs de Confolens (Charente) a été cité, pour la première fois, croyons-nous, par Marvaud, en 1850. — On lit, en effet, dans son ouvrage (1):

1° « On remarque, au lieu appelé *Bauchet*, une *Croix*, assez curieuse, formée de pierre sans ciment. Un peu plus loin, sur un *roc granitique*, on montre une empreinte, appelée le PAS DE LA MULE. »

La tradition du pays rapporte « qu'un jour *Saint Etienne* partit d'Esse pour aller visiter *Saint Maurice*. Il le rencontra sur sa route; et aussitôt la MULE DE SAINT MAURICE s'arrêta, se mit à *genoux* devant lui, et laissa l'empreinte de son pied sur le rocher ».

On doit donc appeler cette Gravure : LE PAS DE LA MULE DE SAINT-MAURICE.

2° D'autre part, on lit, dans une publication de A. Joanne en 1909 (2):

« Les principales carrières de *granite* sont celles du *Pas de la Mule*, près de Confolens, célèbres dans la légende ».

Enfin, nous avons bien trouvé, dans une édition récente du *Guide de Joanne* (3), une mention du *Plateau d'Esse*; mais il n'y est pas question de cette empreinte.

REDÉCOUVERTE. — a) *Sculpture persistante*. — En réalité, c'est le texte précédent de Joanne, lu par hasard, qui a incité l'un de nous à aller à Confolens étudier cette *Empreinte*, car nous ne connaissions pas alors le passage de Marvaud!

b) *Sc. détruite*. — On raconte, dans le pays, qu'il y avait jadis DEUX EMPREINTES, au lieu d'une (4), et que la seconde se trouvait sur

---

(1) F. MARVAUD. — *Géographie, etc., du Département de la Charente, etc.* — Angoulême, J.-B. Baillarger, 1849-1850, in-12° [Voir p. 279-280].

(2) JOANNE. — *La Charente.* — Paris, Hachette, 1909, in-12° [Voir p. 42].

(3) Guide JOANNE. — *De la Loire aux Pyrénées.* — Paris, Hachette, 1911. [Voir p. 248].

(4) Ce peut n'être là qu'une donnée *légendaire*, basée sur ce fait que, souvent, on rencontre *deux* empreintes à côté l'une de l'autre. D'ailleurs, on raconte que c'est le *sabot* GAUCHE qui a disparu ! — Or, en réalité, le sabot qui persiste

la partie du rocher granitique, qui semble avoir été enlevée du côté du Sud-est. — C'est très possible. Mais cela est-il bien certain? — Ce n'est pas démontré, du tout, à l'heure actuelle.

Certes, souvent, on trouve DEUX EMPREINTES ensemble (par exemple au *Saut du Prince Charles* à Saverne (Alsace); au *Keller-mann-fels* à Niederbronn, etc., etc.). Mais, ici, aucun fait *matériel* ne plaide en faveur de l'existence de cette *seconde* gravure. — Nous n'en reparlerons donc plus.

FOLKLORE. — En somme SAINT MAURICE, étant sensé avoir jadis passé dans le pays et même paraissant y être devenu populaire, le Peuple de la région, lorsqu'il découvrit cette sculpture sur rocher, ne manqua pas, la considérant forcément comme *miraculeuse* [puisqu'il ne pouvait pas s'en expliquer autrement la fabrication], de l'attribuer à la *monture* de ce personnage, et à une manifestation de la puissance de ce Saint, *chrétien*, comme cela est de règle.

Puis, pour en rendre compréhensible à son esprit la situation topographique, il inventa la *rencontre*, sur un chemin, de SAINT MAURICE (1) et de SAINT ETIENNE, saint plus *saint* encore (2) que Saint Maurice (3), puisque la mule de ce dernier dut s'arrêter devant le Maître.....

Comme il fallait un témoignage d'*humilité* de la part de Saint Maurice (on trouve souvent cette note dans les légendes chrétien-

correspond aussi au *côté gauche*. — Toutefois, cela n'est pas une preuve suffisante, car, quand il y a deux empreintes voisines, ce sont, presque toujours, *deux pieds gauches*, simulant une *paire* [*Saut du Prince Charles*, à Saverne; etc.].

(1) SAINT MAURICE subit le martyre en 286 après J.-C., dans la vallée d'Agaune (aujourd'hui Saint-Maurice), à l'ouest de Sion (Valais). — Sa fête a lieu le 22 septembre. Saint Maurice n'est donc pas originaire du pays. — C'est par suite un nom de SAINT, IMPORTÉ en Charente. D'ailleurs nous verrons plus loin les traces de cette *importation* d'idée de, l'Est vers l'Ouest de la France, puisqu'il y a des *Légendes de Pas* dans les Vosges d'une part, et, d'autre part, dans le Centre (Saône-et-Loire, Nièvre, etc.), qui se rapportent au *Cheval de Saint Maurice*.

(2) SAINT ETIENNE, premier martyr du Christianisme, fut lapidé en l'an 33. Fête le 26 décembre. — C'est donc aussi un nom de SAINT, IMPORTÉ en Charente. — Evidemment, Saint Maurice *lui devait le respect*, puisque Saint Etienne fut le premier des Martyrs, et qu'il vécut 200 ans plus tôt que lui... La Légende ne craint pas, d'ailleurs, des *Anachronismes* plus formidables encore !

(3) *Saint-Maurice* est un bourg qui se trouve au *Sud* d'Esse; mais je ne connais pas de *Saint-Etienne* ville, dans les environs. — Il serait intéressant de savoir à quelle époque on a donné le nom de Saint-Maurice au bourg en question. — Il y a une *route* de Saint-Maurice à Esse, qui passe précisément à l'est du Rocher du *Pas de La Mule* ! — *Saint-Etienne* n'aurait-il pas été le patron de la paroisse d'Esse ? — Dans ce cas, la légende sentirait assez le Calembour...

Dans les environs, il n'y a que *Saint-Germain* (de Confolens) et *Saint-Christophe* (de Confolens), et des *Saint-Martin*. — Un autre *Saint-Maurice* (La Clouère) existe au Sud de Poitiers.

nes), le Peuple admit que la *Mule de Saint Maurice* s'était *mise genoux* [La sculpture, d'ailleurs, ne nécessitait pas cette invention], et que par suite le Saint, son maître, s'était bien humilié...), sans réfléchir que cette *mise à genoux* (1) ne cadrait pas du tout avec la présence d'une *Empreinte de* Sabot.... — Combien est plus poétique, et plus proche de la réalité possible, la Légende de Pégase, marquant, d'un coup violent de son sabot, le rocher d'où devait jaillir une Fontaine !

Autres Pas de la Monture de Saint Maurice. — Il faut savoir que le *Cheval* [et non la *Mule*] *de Saint Maurice* sont légendaires en d'autres pays. — Ce qui explique la dénomination, importée en Charente. — En effet, on connaît :

1° *Le Pas* de la Monture de *Saint Maurice,* commune de Chiddes (Nièvre), situé sur le Mont-Theurot [D'après Bulliot et Thiollier, 1892] (2).

Il s'agirait de *deux Empreintes* de *Sabots d'Equidés*, sur un rocher de granulite. — Cette sculpture semble *réelle*, comme ici (nature de la roche ; *deux* sabots, etc.). Mais c'est à vérifier.

2° Le *Pas du Cheval de Saint Maurice*, sur le Mont Sainte-Geneviève, près Mâcon (Saône-et-Loire), cité en 1875 par Félix Voulot (3). — Il peut ne s'agir ici que d'une fausse Gravure (A voir).

3° Les *Fers du Cheval de Saint Maurice*, près Sénones (Vosges), à la *Mort aux Diables*, sur une roche abrupte. Il y a là au moins *deux Empreintes*, traditionnelles, citées par Félix Voulot (4). Il est probable qu'il s'agit aussi là de vraies sculptures [Rocher abrupte ; *deux* empreintes en forme de *fers* ; lieu dit mégalithique ; etc.].

Ces faits prouvent, indiscutablement, que Saint Maurice, à un moment donné, a eu en Gaule une grande *renommée*, du genre de celle de Saint Martin de Tours. Ils semblent indiquer, en outre, que les faits légendaires, relatifs à ce saint [plus voyageur sans doute qu'on l'aurait cru], sont bien plus anciens que ceux dits de Saint Martin, puisque ce chrétien célèbre n'a pas pu réussir à détrôner Saint Maurice, même dans les régions (centre de la France et Ouest, par exemple), où il est très connu !

Christianisation. — Il est très possible que la Croix de pierre, *sans ciment* (c'est-à-dire très ancienne), signalée par F. Marvaud au

---

(1) On connaît pourtant de nombreuses « Empreintes de Genoux » sur Mégalithes. — Mais ce sont toutes des *Cavités naturelles* ou des *Cuvettes de Polissoirs*, et non pas des Gravures de Sabots!

(2) Bulliot et Thiollier. — *La Mission de saint Martin*, etc. — Paris, 1892, Picard, in-8°, 483 p. [Voir p. 396. — Extr. *Mémoires Soc. Eduen.*, 1891.

(3) Félix Voulot. — *Les Vosges avant l'Histoire*, 8, in-4° [Voir p. 166].

(4) F. Voulot. — *Loc. cit.*, 1875 [Voir p. 165, notes].

coin du chemin *Bauchet* (1), ne soit pas autre chose qu'une trace de la **première Christianisation** de cette Empreinte miraculeuse. — Elle fut sans doute élevée là pour consacrer le souvenir de cette manifestation de la Divinité, comme témoignage de remerciements et comme hommage. — Mais il nous est impossible de le prouver.

§ I. — DESCRIPTION [OBSERVATION].

ETUDE PERSONNELLE. — Au mois d'août 1912, en possession du seul renseignement donné par Joanne, l'un de nous se rendit à Confolens, pour procéder à la recherche de cette « Empreinte », puis à son étude, qu'elle ait été vraie ou fausse.

Tout avait été préparé à l'avance, comme nous le faisons d'ordinaire, pour recueillir sur place toute tradition et tout document utiles; puis pour *décalquer*, suivant les règles, la Sculpture, et en prendre une *Contr'empreinte* au plâtre [*Moulage*].

a) *Redécouverte.* — Malgré un temps affreux, le programme fut exécuté à la lettre. M. A. Cousset, qui s'était chargé de l'opération, réussit enfin à trouver à Confolens une personne qui le renseigna sur la situation précise de cette Empreinte, après avoir, en vain, essayé de la retrouver seul, sur le terrain. L'aimable Charentais, qui, en l'espèce, a été pour nous un collaborateur très dévoué, est M. Massonnet, notaire, à Confolens. — Nous le remercions très vivement ici de son précieux concours.

b) *Technique.* — Le 17 août 1912, dans l'après-midi, il conduisit donc M. A. Cousset — emportant tout le matériel nécessaire pour le moulage — au rocher à sculptures.

Malgré un très violent orage, survenu pendant la prise des contr'empreintes en plâtre, M. A. Cousset put prendre un *Décalque* du Pas et un *Croquis* des autres sculptures du rocher. En même temps qu'il exécutait le *Moulage du Pas* et d'un point du rocher correspondant à l'intersection de *trois Rainures*, il put faire faire une excellente *Photographie* des dites Rainures et de l'Empreinte moulée.

SITUATION. — *a*) *Topographie.* — Le *Pas de la Mule* se trouve dans la commune D'ESSE, canton sud de Confolens (Charente), au lieu dit *Le Pas de la Mule,* non loin de carrières de *granite,* placées du côté du Nord de ce lieu dit (*Fig.* 1).

---

(1) *Bauchet* est-il synonyme de *Branchet,* qu'on lit sur la Carte d'Etat-Major (*Fig.* 1). — Nous n'en savons rien; mais c'est fort probable, malgré la différence d'orthographe et l'r ajouté. — Dans ce cas, la *Croix* se serait trouvée à l'Ouest du rocher, là, d'ailleurs, où est l'embranchement du chemin remontant au Nord (*Fig.* 1).
Ce ne fut peut-être qu'une croix de *Croisée des Chemins*.....

b) Voie d'accès. — Cet endroit correspond au côté Nord du chemin de grande communication n° 3o, qui va de Confolens à Saint-

Fig. 1. — Situation TOPOGRAPHIQUE du ROCHER DU PAS DE LA MULE, à Esse (Charente). — D'après la Carte d'Etat-major. — Echelle : 1/5o.ooo. — *Légende :* S, LE ROCHER DU PAS DE LA MULE, près *Pierre fixe* (Menhir)(1); — M, *Menhir du Repaire* ; — D, Situation du *Dolmen de Périssac* (commune d'Esse), transporté au *cimetière* de Confolens (Tombeau de la Sous-Préfète). — D¹, *Dolmen du Grand Moulin* (commune de Saint-Germain-de-Confolens), transformé en *Chapelle,* dans un *îlot* de la Vienne; — R, *Ruisselet* voisin de S ; — P, LE ROCHER AUX PIEDS(commune de Lussac), avec *Le Pas de Sainte Marguerite* [Découvertes inédites : A. Cousset et M. Baudouin], situé *un peu plus au Nord* du point P.

(1) La *Pierre fixe* d'Esse danse, dans la nuit de Noël, d'après A. Favraud (1912),! — C'était donc bien un Mégalithe.

Junien, par Lesterps (*Fig.* 1 ; S). Il est situé à 3 kilom. 800 à l'Est
de Confolens et à 300 mètres au Nord du village de la *Garcellie*
[D'après le cadastre] (1). Il est, par suite, d'un accès très facile, en
voiture ou à pied, au départ de la sous-préfecture de la Charente
(*Fig.* 1 ; S).

c) Cadastre. — Au point de vue cadastral, le {*Rocher*, qui sup-
porte la sculpture, se trouve à l'angle Sud-ouest du champ n° 657,
section E, commune d'Esse, appartenant aux mineurs Maillard
(*Fig.* 2).

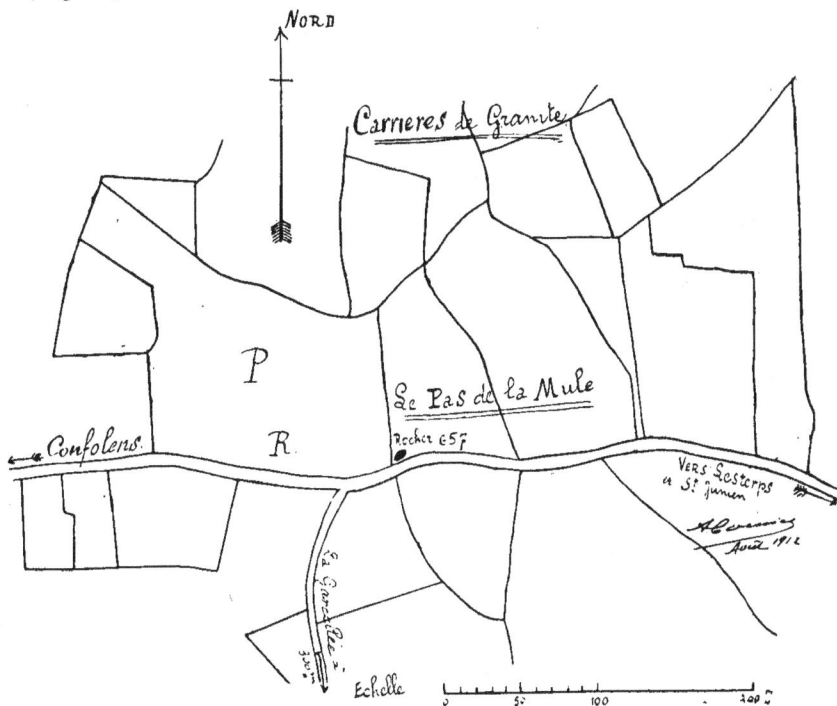

Fig. 2. — Situation CADASTRALE du ROCHER DU PAS DE LA MULE, à Esse (Charente). — *Echelle* :
1/5.000 [Cadastre réduit de moitié]. — *Légende* : n° 657, Emplacement du *Rocher*; — P,
Prairie marécageuse, avec *Sources*. — R, *Ruisselet*, traversant la route et descendant vers la
Vieille Garcellie (Voir *Fig.* 1 ; R).

Ce pointement rocheux est tout proche de la *route* indiquée ci-
dessus et exactement au Nord du débouché du routin venant du
Sud qui arrive de la *Garcellie*, et qui ne semble pas être celui
indiqué sur la Carte d'Etat-major, placé notablement à l'Ouest
(*Fig.* 1). — Il se voit presque dans le fossé du chemin.

Altitude. — D'après la carte (*Fig.* 1), elle doit être d'environ
210 mètres. Le flanc du coteau, descendant de 225 mètres (Raffiers)

(1) La Carte d'Etat-major porte *Vieille Garcellerie* (*Fig.* 1), et non *Garcellie*.
— C'est sans doute une erreur.

à 200 mètres (Garcellerie de Guimard), regarde donc la vallée de la Vienne à l'Ouest, comme le *Pas de la Mule* lui-même.

PÉTROGRAPHIE. — Le Rocher est constitué par un « granite » très dur, à grains très serrés, qui nous a paru être, en réalité, de la *Microgranulite*. — Mais un examen minéralogique sérieux n'a pas encore été fait. Nous sommes là, dans les environs de Confolens, en plein terrain granitique, au demeurant.

ETUDE DU ROCHER. — Le Rocher à sculptures forme un mamelon, *ovale*, en granite, saillant en forme de dôme ou d'assiette renversée, qui n'est autre chose qu'un affleurement, très localisé, de la

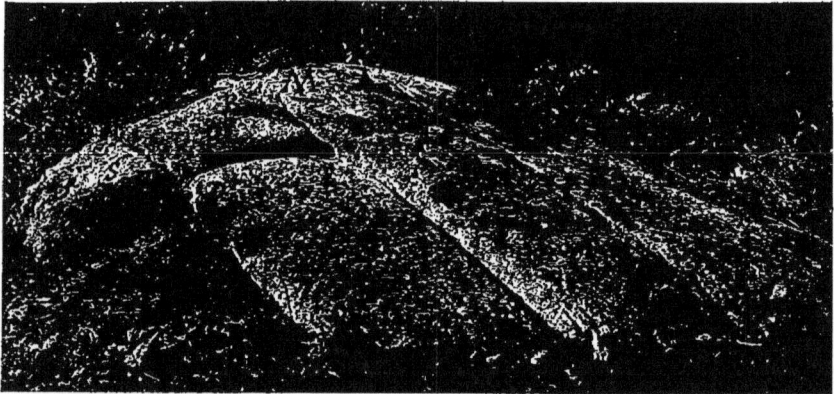

Fig. 3. — Le Rocher du PAS DE LA MULE, à Esse (Charente). — Vue de la FACE ZÉNITHALE. D'après une Photographie exécutée aux environs du Sud magnétique. — PAS et RAINURES.
   Légende : P, Le PAS DE LA MULE, au moment où l'on vient d'en prendre, au plâtre, la Contre-empreinte ; — Nm, Nord magnétique ; — A A', Rainure du Nord (n° I); — B B', Rainure centrale (n° II); — C, C', Rainure du Sud (n° III); — D', D¹, D², Rainure n° IV, perpendiculaire aux précédentes ; — E', point où a été prise la Contre-empreinte en plâtre du croisement des Rainures n° III et IV; — N, Segment nord de la pierre ; — M', Segment central ; — R. Segment méridional ; — S, Segment occidental. — F. Partie du rocher qui aurait été détruit et où se trouvait, dit-on, un deuxième *Pas de Mule* (P²); — O, Point de croisement des Rainures n° III et IV.

roche du sous-sol. Cette bosse, arrondie de tous les côtés, présente une face supérieure, bien régularisée par les intempéries et peut-être par l'*homme*, et très apte à supporter des sculptures. Elle est également patinée et couverte de *lichens*. Sa forme est nettement ovalaire, avec petit axe Nord-sud, ou à peu près. Elle mesure 2ᵐ50 de largeur Est-ouest, 1ᵐ80 de longueur, et ne fait guère saillie que de quelques centimètres au-dessus de la terre végétale (*Fig.* 3).

I. — RAINURES.

A la face supérieure il existe TROIS RAINURES parallèles, de coupe *triangulaire*, semblant pénétrer dans l'intérieur, toutes parallèles au grand *axe* du pointement rocheux (*Fig.* 3 et 4).

1° *Rainure Nord* (n° I). — Cette rainure est très peu large, mais *profonde* ; elle mesure 2 mètres de long. C'est celle qui siège le plus au *Nord* ; elle va d'un bout à l'autre du rocher, à 0m42 de son bord

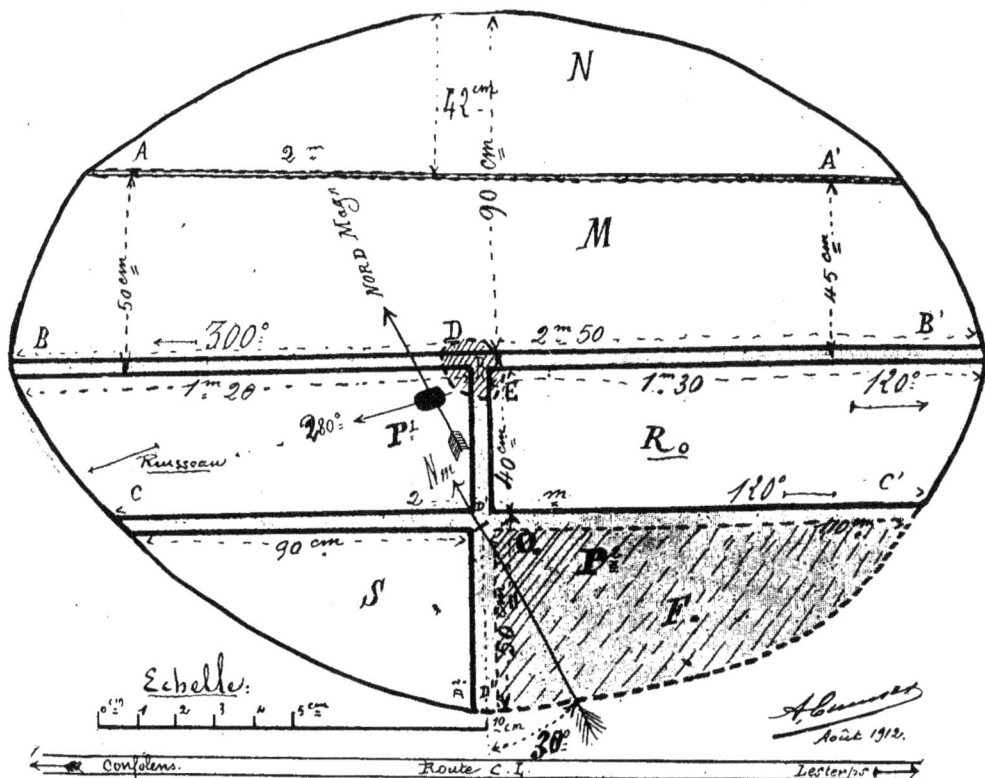

Fig. 4. — DESSIN, très schématique, des RAINURES de la *Face zénithale* du Rocher du *Pas de la Mule.* — *Echelle :* 5/100 ou 1/20. — *Légende :* Même légende que pour la *Fig.* 3. — P¹, *Pas de la Mule* (Direction du *Grand axe du Sabot*). — P², Emplacement supposé (existence non démontrée) d'un *Deuxième Sabot d'Équidé,* indiqué par la Tradition populaire.

Nord. Or 0,42 = 0m06 × 7. Nous trouvons donc là déjà la *Commune Mesure* des sculptures sur rochers de Vendée (0m06) !

On peut certes prendre cette rainure pour une *faille naturelle régularisée* ; mais il est bien plus probable qu'il y a *eu là seulement* un *travail humain.*

2° *Rainure centrale* (n° II). — Une autre se trouve exactement au *Centre.* Celle-ci, indiscutablement, a été faite par l'homme. En effet, elle est très *large* et très *profonde*, si bien que sa coupe forme un triangle isocèle, à bords nets (*Fig.* 5 ; K, O, H.). La profondeur atteint presque 0^m08 et sa largeur est de 0^m65. Or 0^m65, c'est |la même *Commune Mesure*, c'est-à-dire le *pouce* ! — Elle est parallèle à la *précédente*, dont elle est distante de 0^m50 à l'Ouest [Or 0^m06 $\times 8 = 0,48$], maisde 0^m45 à l'Est seulement. — Elle mesure 2^m50 de longueur, comme le Rocher (*Fig.* 4).

Elle est *magnifique* et représente un travail considérable de *Percussion*, de *Piquage*, de *Taraudage* et de *Polissage*.

3° *Rainure Sud* (n° III). — La troisième rainure, située au côté Sud, est parallèle aussi à la rainure centrale et en est distante de 0^m40 (au lieu de $0,42$, comme en N) (*Fig.* 4) (1). Elle mesure seulement 2 mètres de long, comme le rocher en ce point, et est dis-

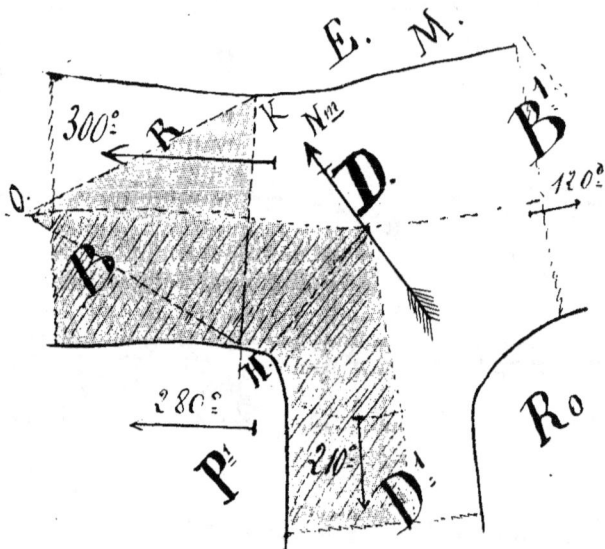

Fig. 5. — Détail du POINT DE CROISEMENT des RAINURES n° III et IV, au centre du Rocher, près du *Pas de la Mule*, d'après le MOULAGE EN PLATRE, qui en a été pris (1912). — *Echelle :* 1/4 Grandeur naturelle. — *Légende :* M, segment central du rocher ; — Ro, segment méridional ; — Pl, situation du *Pas de la Mule ;* — D, centre du croisement des Rainures II (B, B') et IV (D, Dl) sur le rocher, en E. — H K, Ligne suivant laquelle a eu lieu la *Coupe de l'Empreinte* au plâtre, pour montrer en K O H laforme nettement *triangulaire* de la Rainure; — N, Nord magnétique. - 210°, Direction magnétique de la Rainure n° IV ; — 300°, Direction de la Rainure n° III.

tante du bord Sud de 0^m50, comme en M (*Fig.* 4). Elle est presque aussi profonde et aussi large que la Rainure n° II, dans la partie *Ouest* où elle est conservée. Mais, du côté de l'Est, on a fait *sauter*, dit-on, le rocher qui se trouvait à son côté Sud (F), si bien que cette rainure forme désormais là un simple *bord à pic,* le reste du rocher étant recouvert de terre. — A-t-on vraiment fait sauter,

(1) Comme on le voit, la *Commune Mesure* 0,06 se reconnaît partout !

plus ou moins *récemment,* cette portion de rocher? — Ce n'est pas démontré. Ce travail peut aussi bien être préhistorique....

4° *Rainure transverse* (n° IV). — Une quatrième rainure, perpendiculaire aux précédentes, part de la rainure centrale à 1ᵐ20 [1ᵐ20 = 0,06 × 20] de son extrémité Ouest et descend jusqu'au bord Sud du rocher, en coupant la rainure Sud, à 0ᵐ40 [pour 0ᵐ42] de son origine; elle se dirige à 210° Sud (1) (*Fig.* 5).

Cette rainure, très belle et très profonde, sûrement due à un travail humain, est presque semblable aux deux précédentes, au point de vue largeur et profondeur; toutefois sa largeur n'est que de 0ᵐ050, au lieu de 0ᵐ070. Sa longueur totale est de 0ᵐ40 + 0ᵐ50 = 0ᵐ90 [Or 0ᵐ90 = 0,06 × 15].

Cette rainure, qui ne peut correspondre à une faille du rocher et qui est *entièrement l'œuvre de l'homme,* suffit, à elle seule, à prouver que les trois autres rainures — dont deux sont absolument semblables — sont également le résultat d'un *Travail humain, voulu,* qui, d'ailleurs, ne doit pas correspondre à l'existence de fentes naturelles antérieures de la roche.

Ces quatre rainures sont dues à l'Homme : 1° parce que trois d'entre elles sont *parallèles* ou presque [elles sont, en réalité, *admirablement parallèles!*]; 2° parce que la quatrième est à 90° exactement sur celles-ci ; 3° parce que le *fond des rainures* ne montre aucune faille naturelle du granite ; 4° parce que les quatre rainures sont à des distances *voulues* les unes des autres (2). — En effet on a :

a) Rainure n° I : Distance au bord Nord = 0ᵐ4 ! ; à la Rainure II = 0ᵐ50

b) Rainure n° II : Distance à la Rainure n° III = 0ᵐ40.

c) Rainure n° III : Distance au bord *Sud* = 0ᵐ50.

d) Rainure n° IV : Distance au Sud-Ouest = 1ᵐ20.

(1) Cette orientation magnétique, quoique la déclinaison dans le pays, à l'heure présente, ne soit que de 14°20, est trop *reportée, en apparence, vers l'Ouest.* — Elle ne donne donc pas les 194°20 qui représenteraient le *Sud astronomique* vrai *actuel.*
Mais, en l'espèce, comme nous sommes certainement à plus de 3.000 ans avant Jésus-Christ, on doit faire intervenir la *Précession des Equinoxes,* qui, comme on le sait, joue, en matière de situation du pôle Sud, un rôle, qu'il ne faut jamais oublier.
Si la quantité à retrancher était bien alors de 30° [14°20, pour la Déclinaison et 15°40 pour le Déplacement occidental du pôle Sud] les grandes Rainures (I, II et III) deviendraient alors nettement Est-Ouest (90°), puisqu'elles se dirigent à 120° [120° — 30° = 90°]. — Ces hypothèses semblent corroborer par ce fait que l'angle des rainures est très nettement de 90° (Fig. 4; E, D).
Remarquons en passant que, si l'on admettait que la *Précession des Equinoxes* était ici de 15°40, cela semblerait correspondre à 8.300 ans (soit 6.400 avant Jésus-Christ) et reporterait à cette époque la fabrication de ces rainures.
(2) Ces dimensions ont été prises [Voir *Fig.* 4] du milieu d'une *rainure* au milieu d'une autre rainure. En ces matières, il faut, en effet, procéder comme

Ainsi donc, toutes ces distances sont, en moyenne, un multiple de 0^m06. C'est bien là la fameuse COMMUNE MESURE, que nous sommes habitué à trouver dans l'étude des CUPULES (0^m06 à 0^m07, suivant les pays). — Cette coïncidence est très remarquable !

Il est donc certain qu'il s'agit là d'un TRAVAIL HUMAIN, et de RAINURES *creusées de toutes pièces*, et non pas simplement de *rectifications de failles rocheuses*, antérieurement existantes (1).

Encore une autre preuve. Comme on va le voir tout à l'heure, il n'y a pas parallélisme absolu entre le grand axe du *Pas de la Mule* et les *rainures* allant de l'Ouest à l'Est ; et la différence est de $20°$ $(300° — 280° = 20°)$ (2). De plus, ce Pas se trouve dans l'angle *Nord-Ouest* de la Figure en croix, formée par les rainures n° III et IV. Et, précisément, la sculpture se dirige vers *l'Ouest !* — Enfin *Pas* et *Rainures* ont *même patine*.

Il est vraiment impossible que ces dispositions soient le résultat d'un pur hasard et soient *modernes !*

En réalité, tout cela est *voulu* ; tout cela se tient : Sculpture de *Sabot d'Equidé* et *Rainures*. — Nous montrerons tout à l'heure que l'ensemble est *d'ailleurs de la même époque* et ce que cela *doit* signifier (3).

II. — LE PAS DE LA MULE.

SITUATION. — La Sculpture de Sabot d'Equidé est presque placée exactement au CENTRE de la face supérieure du Rocher. — En effet elle correspond à 1 mètre environ du bord Ouest, et à 1 mètre du bord Nord ; à 0^m80 du bord Sud et à 1^m40 du bord Est (*Fig.* 3 et 4).

pour les *Cupules*, pour avoir des repères fixes et indiscutables. — Les *communes Mesures intercupulaires* sont toujours calculées ainsi par M. Marcel Baudouin.

(1) Cette hypothèse ne serait vraiment possible à soutenir que pour la rainure n° I, qui ne correspond qu'à une *ébauche* de travail.

(2) Au Tœnnichel, dans les Vosges, existe sur une dalle un *Fer à cheval* ; or il est voisin d'une profonde *rainure*, rectiligne [F. Voulot. *Loc. cit.*, p. 165, note, *Fig.* 4].
D'après cette Figure, le grand axe du sabot est, là aussi, presque *parallèle* à la dite Rainure (Voir notre *Fig.* 6 ; II).

(3) On raconte dans le pays que ces *rainures* sont relativement *récentes*, et quelles ont été faites par des *carriers :* soit pour enlever une *deuxième Sculpture de Sabot d'Equidé* (Pas dit *gauche*), qui aurait été située en P² (*Fig.* 4) ; soit pour débiter le rocher et l'utiliser ! — Mais ce n'est là qu'une *Invention populaire*, d'origine *légendaire*, ayant pour but surtout l'explication de ces Rainures extraordinaires.
En effet, nous venons de montrer que cette hypothèse ne peut pas cadrer avec les faits constatés.
Toutefois, nous admettons très bien que des *carriers*, à une époque historique, aient pu faire *sauter le coin F* (*Fig.* 4) du *Pointement :* soit pour détruire une deuxième sculpture placée au point P², si elle a existé ; soit pour un autre motif. — Mais nous maintenons que toutes les *Rainures*, sans exception, sont aussi *vieilles* et même plus anciennes que le *Pas de la Mule*, c'est-à-dire *Néoli-*

a) *Côté Nord-Ouest.* — En réalité elle se trouve donc, fait très digne de remarque, un peu plus près de *l'Ouest* que de l'Est du rocher, puisqu'elle est *plus rapprochée vers l'Ouest* (de 0ᵐ40 au moins) que de l'Est. On dirait qu'on a choisi à dessein le point, indiquant qu'on veut aller surtout *vers l'Ouest.* Or, précisément, le *Pas* va à l'Ouest. — Cela est donc encore *voulu* (1).

b) *Secteur Nord-ouest.* — D'autre part, le Pas se trouve entre les deux *grandes* et fortes *rainures*, allant à l'Ouest-Nord-ouest (300°) [son grand axe n'est pas exactement parallèle aux Rainures], et précisément au *Nord-ouest* encore de la Rainure *Nord-Sud* ou presque perpendiculaire aux précédentes. — Cela est certainement voulu encore, car on aurait pu le placer tout aussi bien ailleurs.

De sorte que, si l'on considère, comme le *centre de figure* des Sculptures du Rocher, le point de croisement de la Rainure verticale n° IV avec la Rainure centrale n° I (*Fig.* 4 ; O), on constate que le *Pas* est à *l'Ouest* encore de ce centre (2), autrement dit dans le *Secteur Nord-ouest*, entre les rayons Ouest-Est et Nord-Sud. — Tout cela est vraiment extraordinaire de précision! On voit dominer, sur toute la ligne, l'idée de l'OUEST ou de l'OUEST-NORD-OUEST.

c) *Distances aux Rainures.* — Nous estimons que le centre fictif du *Sabot* est situé à environ 0ᵐ13 des milieux des deux rainures n° II et n° IV, qui l'encadrent; mais nous devons reconnaître que nos mensurations n'ont pas été très précises à ce sujet. — Quoiqu'il en soit, nous voyons réapparaître là la *Commune Mesure* citée [0ᵐ13 : 2 = 0ᵐ065].

ORIENTATION. — La direction du grand axe du Sabot d'Equidé a été prise, à la Boussole, sur le Rocher, par M. Cousset et indiquée sur le *Moulage* et le *Décalque.* — Au rapporteur, nous avons constaté qu'elle était de 280° *magnétique.*

La pince du Sabot est, d'autre part, dirigée du côté de l'*Ouest.*

Sur le terrain, il est facile de constater qu'il n'y a pas parallélisme réel entre le grand axe et la Rainure n° II voisine, ainsi qu'avec les Rainures nᵒˢ I et III, et que la différence est de 20° [300° — 280° = 20°].

thiques et très antérieures, par conséquent, à cet acte de vandalisme, si tant est qu'il ait existé réellement !

(1) Nous retrouvons là une disposition tout à fait comparable à celle des Sabots d'Equidés que M. M. Baudouin a découverts à l'Ile d'Yeu; d'abord pour celui du CHIRON BRULIN, qui va vers le *Nord-Nord-Ouest* ; et même pour celui du GRAND CHIRON DES CHAUVITELIÈRES, qui va vers le *Nord-Est* (*Mutatis mutandis* ici, bien entendu).

(2) En effet, si l'on admet que la petite rainure Nord n° I ne limite pas la figure, ce centre est à 0ᵐ90 du bord Sud et à 0ᵐ90 du bord Nord (donc, égalité). — Or 0,90 = 0,06 × 15 !

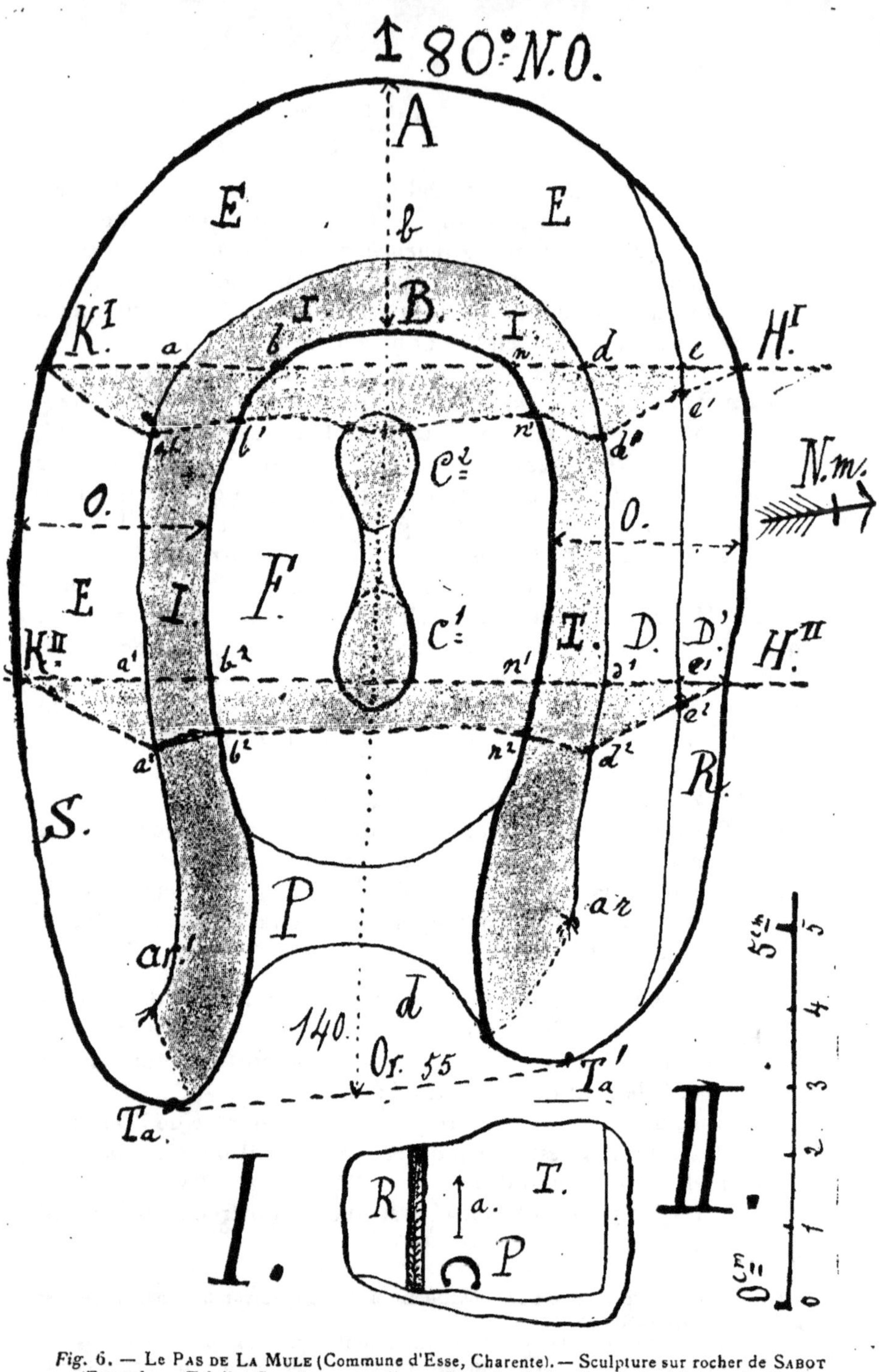

Fig. 6. — Le Pas de la Mule (Commune d'Esse, Charente). — Sculpture sur rocher de Sabot
d'Equidé. — *Echelle* : Grandeur naturelle. — *Légende* : I. *Le Pas de la Mule*. — A, B, Or.,
Grand axe longitudinal; — A, B, *pince*; — b. point déclive de la rainure à la pince; — I,
flanc interne (*nd*, *ab*) de la Rainure; — E, flanc externe (*d e*); — F, *Fourchette*; — Ta, Ta',
Talons; — P., Base du Sabot; — C¹, C², deux petites *Cupulettes* centrales, réunies par un
petit canal; — ar, ar', points où s'arrête en arrière la rainure T I; — O, Largeur des *Murailles* ou
de la *Paroi*; — H' K', H" K", Deux coupes, *transversales*, de la sculpture; — T I, les parties
en *grisé* représentent les limites de la rainure T I; — a², d¹, d², partie la plus profonde de la rainure I T; — Nm, Nord Magnétique; — 80° N.-O., Direction du *Pas*; — S, R, les deux
Onglons; — d, Lacune de la Fourchette.

II. Un Rocher du Tœnnichel (Vosges), d'après Voulot. — P, *Sabot d'Equidé*; — a, direction
du Pas; — T, face supérieure du rocher; — R, *Rainure* creusée sur ce rocher, presque
parallèle à la direction [L'*Echelle* ne s'applique pas au n° II].

Forme et Aspect. — La sculpture ressemble, d'une façon indiscutable, à une *Empreinte de Sabot d'Equidé* sur un sol humide (*Fig.* 6 ; I). D'autre part, il ne peut, vu sa forme et l'aspect du granite en ce point, s'agir d'une Cavité naturelle. — Le travail humain ici est patent.

On voit une sorte de Cavité ovalaire, dont un côté, celui correspondant aux talons est arrêté à angles droits, tandis que l'autre est nettement circulaire. Tout autour est une Dépression, en forme de Fer à cheval très allongé, constituée par un creux, dont la coupe représente un V, à branches très étalées, à rebords saillants en dehors, moins marqués en dedans, car le granite a été creusé au centre même (*Fig.* 6 ; I ; H' K').

Ce « fer à cheval » a deux talons très marqués, avec talons obliques (Ta). Le *côté droit* présente un bord rectiligne, mais plus étalé que le côté gauche.

Mensurations. — Donnons d'abord les *dimensions* ; puis les *indices*.

a) Dimensions. — Les *dimensions* principales sont les suivantes pour cette sculpture.

a) 1. Grand diamètre antéro-postérieur : 0^m140. 2. Petit diamètre *transversal* : 0^m100. 3. *Profondeur* de la gouttière en *fer à cheval* : 0^m010 (en dedans) ; 0^m009 (en dehors). 4. *Profondeur de la Cavité* centrale (Sol du Sabot) : 0^m006. 5. Talon (Largeur) : 0^m055.

b) 1. *Onglon* droit (Largeur) : 0^m025. *Onglon* gauche (Largeur) : 0^m025. 2. Pince (Largeur) : 0^m034. 3. *Petite flèche* (ou interne) : 0^m047. 4. *Grande Flèche* (ou Externe) : 0^m048. Différence en faveur du Côté *Externe* (de forme arrondie) : 0^m001. 5. Paroi du talon : 0^m030.

c) 1. *Paroi externe* de l'*Onglon interne* : 0^m010. 2. *Paroi interne* de l'*Onglon interne* : 0^m020. 3. Paroi *externe* de l'*Onglon Externe* : 0^m017. 4. Paroi *interne* de l'*Onglon Externe* : 0^m010. 5. Paroi *externe* de la pince : 0^m024. 6. Paroi *interne* de la pince : 0^m010.

d) Courbes. — La rive *externe* du pseudo-fer mesure 0^m330 ; l'*interne* 0^m230 seulement.

b) Indices. — Etant donné ces dimensions, nous avons les Indices suivants :

Indice soléo-podalique : $100 \times 100 : 140 = 71,42$.

Indice talo-podalique : $55 \times 100 : 140 = 39,28$.

Indice talo-soléaire : $55 \times 100 : 100 = 55$.

Le premier de ces indices, le seul important, en réalité, indiquerait que le *Modèle* suivi semble avoir été un *Sabot de Mulet* ou le Sabot d'un *Equidé*, ayant même forme de pied. — Nous verrons plus loin ce qu'il faut, en réalité, penser de ces constatations.

Technique. — *a*) Pour exécuter cé travail, on a commencé par *creuser*, dans le rocher, par percussion, une *Cavité ovalaire*, à grand axe long de 0ᵐ140 et à petit axe de 0ᵐ100.

Cette cavité a été portée à environ de 0ᵐ006 à 0ᵐ007 de profondeur, suivant les points. L'inclinaison donnée aux parois a été de 45° environ; d'ailleurs, chacune d'elles a 0ᵐ010 d'étendue environ.

b) Ceci fait, on a creusé, *à l'intérieur*, une *Gouttière* tout autour, de façon à obtenir une Rigole en Fer a Cheval, ayant 0ᵐ004 à 0ᵐ005 de profondeur en plus, et une paroi de 0ᵐ010 également, en respectant la partie centrale et ce qui correspondait au *talon* du dit « fer à cheval ».

c) De la sorte, on a obtenu une figure, qui est une Sculpture en creux, ayant la forme d'une Empreinte de Sabot de Mulet sur un sol mou.

Il ne s'agit d'ailleurs nullement d'une représentation d'un Fer de *Mulet*. La sculpture ne représente, en somme, que le Contour, en creux, de l'image d'un Sabot d'Equidé, sous forme d'une Gouttière, courbe, ovalaire, haute de 0ᵐ010 à 0ᵐ011 en dehors, et de 0ᵐ004 à 0ᵐ005, en dedans, par suite du creusage de la cavité primitive.

Mais, au niveau du talon, cette gouttière n'existe pas; elle a été remplacée là par un simple plan incliné, de 0ᵐ030 de long : ce qui donne d'ailleurs à la sculpture la forme d'un *Fer à Cheval*, aspect tout à fait trompeur.

§ II. — Interprétations [*Partie théorique*].

I. — Déterminations anatomiques.

1° Membre. — Etant donné la différence des diamètres longitudinal et transversal très marquée ici, et l'indice podalique, qui n'est que 71,42, il est évident qu'il s'agit de la représentation d'un *Sabot postérieur*. — Il n'y a pas de discussion possible à ce sujet, de par l'Anatomie du Sabot des Equidés.

2° Côté. — *a*) Ici, la différence des flèches transversales (demi-diamètre transversal) ne donne presque rien. On ne peut déterminer quel est le côté correspondant à l'aide de la petite flèche, car les flèches sont en somme presque égales (0ᵐ048).

b) Mais l'onglon de droite est à double talus : ce qui correspond, d'ordinaire, au côté interne. — Dans ces conditions, il s'agit ici d'un Pied du côté Gauche.

c) D'ailleurs il est facile de voir qu'une *tangente* au côté *droit* de la figure se confond avec le bord *interne* sur une étendue de o^{m}ogo, tandis que, pour le bord *externe,* le contact n'a lieu que sur o^{m}o1o : ce qui prouve la réelle *convexité* de ce bord. — Nous sommes donc dans la règle habituelle.

d) Autres caractères. — Au centre de la Sole, on note DEUX CUPULETTES, très petites, de o^{m}o13 de diamètre, avec un petit *canal de conjugaison,* de o^{m}o13 aussi, et profond de o^{m}oo1 seulement ; les cupulettes n'ont que o^{m}oo2 à o^{m}oo3 de profondeur (1). La plus antérieure est à o^{m}o13 de la paroi interne de la gouttière limitante au niveau de la pince. Evidemment, la concordance de ces dimensions a une signification quelconque.

3° NATURE RÉELLE DE LA SCULPTURE [*Sabot*]. — Il est indiscutable que la *forme* de cette sculpture rappelle plutôt une empreinte de Sabot de *Mulet* que celle d'un Sabot de Cheval. Aussi le Peuple ne s'y est-il pas trompé et a-t-il dénommé, fort judicieusement, cette empreinte : LE PAS DE LA MULE ! Il y a vu d'autant plus une *trace* de MULE qu'à l'époque où sans doute la sculpture fut redécouverte, après être probablement restée de longues années *inconnue,* on se servait surtout de MULE, comme animal de bat ou comme monture. — N'oublions pas, en effet, que nous sommes presque en Poitou : le pays des Mulets !

Le Peuple ne s'est pas trompé non plus sur l'attribution de la sculpture. Il y a vu un PAS (de *Mule*), c'est-à-dire une EMPREINTE de SABOT, et non point une empreinte de FER (de *Mulet*). Seuls des savants ont pu comparer jadis de telles figures à des *Fers,* sans avoir pris soin, au demeurant, de les étudier, comme il convient, tout d'abord.

Contour du Sabot. — Aujourd'hui nous sommes bien fixés. Ce qu'on a voulu représenter là, c'est, à l'aide d'un *trait,* le CONTOUR d'un SABOT d'*Equidé,* NON FERRÉ, c'est-à-dire l'image de la sole du pied d'un Solipède, en traçant sur la pierre le *Contour de cette Sole,* à l'aide d'une rigole sculptée.

ESPÈCE D'EQUIDÉ. — Mais de quel *Equidé* s'agit-il ? Peut-on vraiment soutenir qu'on a bien voulu représenter là une partie d'un membre d'un MULET ? Ne s'agirait-il pas simplement ici d'un *pied postérieur* d'un PETIT CHEVAL. Pour notre compte, malgré les apparences, qui, évidemment, devaient tromper le Peuple en l'espèce, nous croyons qu'il s'agit bien d'un petit CHEVAL, et non pas d'un Mulet.

(1) On connaît d'autres Sabots d'Equidés, qui ont aussi des *Cupulettes* au Centre [*Pierre à Mulot* N° 2, dans les Vosges ; Le petit Sabot, minuscule, de la Pierre à Cupule, de Collorgues (Gard), etc.].

Nous allons essayer de le prouver.

A) *Preuves tirées du Folklore.* — 1° SAINT MAURICE, originaire de la région des Alpes, aurait, certes, pu utiliser un *Mulet*. Mais, sorti de chez lui et là où il n'y avait plus de Mulet, il a dû user du *Cheval*.

En effet, les trois *Empreintes légendaires*, rapportées à la monture de ce Saint et citées plus haut, sont bien toutes relatives à des *Chevaux*. Son cheval n'est donc devenu, dans la légende, un Mulet que dans l'Ouest, c'est-à-dire que dans le pays des Mulets ! — Conclusion : L'interprétation « MULET » n'est que *légendaire* et *locale* ; et elle a été suggérée par la forme même de la sculpture sur rocher, et surtout parce qu'on se trouvait dans une région où le Mulet est souvent utilisé à l'époque actuelle. — C'est une preuve de plus que la Légende est assez récente, post-chrétienne, et postérieure à l'emploi fréquent de cet animal dans le pays.

2° D'autre part, il y a des Sculptures de Sabots d'Equidés, qui ont suggéré l'idée de *Mule* ou de *Mulet*, d'après les dénominations de lieux dits et les légendes, et qui, pourtant, se rapportent bien à des *Chevaux*.

a) Par exemple, les *Pierres à Mulot* (pour *Mulet*) de Bleurville (Vosges), qui présentent *cinq Sculptures*, qui ne peuvent se rapporter qu'à des *Chevaux*, tandis que la sixième [très comparable à celle d'Esse] pourrait, à la rigueur, être comparé à un pied de *Mulet* [D'où le nom de *Mulot*], alors qu'en réalité il s'agit encore d'un Sabot de *Cheval*, puisqu'il y a côté des *Pieds humains* du type Néolithique, des *Roues solaires*, des *Swastikas*, etc., etc.

b) Un lieu dit, *Les Mules* (Haute-Savoie), est voisin d'une Sculpture de *Sabot d'Equidé*, placée sur une pierre, qui s'appelle *La Pierre au Cheval*, à Evires, et dont la légende a trait à *Pégase* lui-même (Cheval ailé). — On voit donc que le Peuple confond facilement *Cheval* et *Mulet*.....

c) A la Roche de Jarissien, près Chaunis (Auvergne), on a cité quatre *fers* d'une *Mule*. Or ils seraient comparables, dit-on, aux fers de chevaux des Vosges (1).

d) A Changy (Saône-et-Loire), il y a aussi les *quatre pieds de l'Ane de la Vierge* [le pied de l'*Ane* et celui du *Mulet* ont même forme], qui doivent être de même ordre que les précédents (2).

(1) On sait qu'il existe à Paris une rue appelée *Le Pas de La Mule* ! — Mais pourtant, Paris n'est pas le pays des Mulets ! Il doit s'agir de la mule d'un Saint.

(2) Une *Pierre à l'Ane* existe au lieu dit Au Forchet, commune de Saint-Paul (Haute-Savoie) ; mais on n'y a pas vu de sculptures (Jacquot).

A l'île d'Yeu (Vendée,) il y a le *Pau de l'Ane* (sans doute pour le *Pas*), *e)* Au sommet du *Karlsprunʒ*, à Saverne, où il y a plusieurs Sabots de *Chevaux* gravés au *trait* comme on sait, M. Marcel Baudouin a découvert, en 1912, une gravure, qui semble ne pouvoir se rapporter qu'à un *Ane*, et qui est comparable aux Sabots de Chevaux voisins [Décalque pris avec MM. Fuchs (de Saverne) et Kessler (de Horbourg-Colmar, Alsace).

f) Dans les pays à *Mulets*, comme la Charente et la Vienne, presque tous les Sabots d'Equidés ont dû être attribués à des Mulets ! En effet, dans la Vienne, on a : 1° le *Pas du Mulet*, à 800 mètres de Vellèche ; 2° La *Pierre du Pas de la Mule* de Saint Martin, à Ligugé, voisine de la source célèbre de Fontaine-le-Comte.

B) *Preuve tirée de comparaisons avec des sculptures de pays où le Mulet manque.* — Il y a des sculptures sur rochers de Sabots d'Équidés, ressemblant à des *Fers de Mulet* ou à des *Pas de Mule*, dans des pays où le Mulet reste inconnu.

Il faut en conclure que ces sculptures représentent, en réalité, des *Pieds de Chevaux*, et non pas de *Mulets*, malgré leur forme trop allongée. Cette forme de la sculpture n'est donc que le résultat d'une erreur du sculpteur dans l'appréciation des dimensions du sabot lui ayant servi de *modèle*.

Ainsi, en Nouvelle-Calédonie, on connaît des sculptures en *Fers de Mulet* (1), qui ne peuvent pas se rapporter à un tel animal, etc., etc. — Inutile d'insister.

C) *Preuve anatomique.* — *a)* D'ailleurs les *dimensions absolues* de la sculpture ne plaident pas ici en faveur d'un *Mulet* de taille ordinaire, du type *Mulet de bât* de l'armée.

D'autre part, le Mulet du Poitou et des Charentes actuel a un *Sabot postérieur* (nous avons vu plus haut qu'il s'agit bien ici d'un pied de *derrière*) moins allongé.

Quant au *Mulet de l'Armée* (type bât), il n'a que 0^m120 de longueur, pour 0^m095 de largeur (2).

Or, ici nous avons 0^m140 et 0^m100, c'est-à-dire un sabot *trop allongé* de 0^m020. Ce mulet aurait donc été d'une *formidable taille* ! D'ailleurs l'*Indice podalique* du pied de derrière du Mulet de bât de l'Armée française est de 71, et peut même atteindre 82 (s'il descend parfois jusqu'à 60...).

b) Il ne peut guère s'agir, d'autre part, d'un *Ane*, même de très

rocher où il y a des bassins et des cupules ; mais M. Baudouin n'y a pas retrouvé encore de sculpture en forme de Sabot d'Equidé.

(1) La *Pierre Forster*, découverte par M. Archambaut, présente en effet une sculpture, qui a un *indice soléo-podalique* de 75. — La *Pierre Cathèdre* a un autre *Fer*, qui donne, comme indice : 61, 90 ; etc.

(2) D'après les *Fers de l'Armée* (Communication Ed. Hue).

forte taille, et par exemple d'un de ces Baudets du Poitou, qui atteignent parfois la taille d'un cheval.

D'ailleurs cette hypothèse n'est pas soutenable, car cette variété d'âne ne paraît pas ancienne et n'est sûrement pas néolithique. Du reste, pour l'âne ordinaire, l'*indice soléo-podalique* atteint très bien 75 pour le pied de derrière-(1); or, ici nous n'avons que 71 !

D) *Conclusions.* — De ces diverses remarques, nous concluons donc qu'en réalité il s'agit d'une représentation de Sabot de PETIT CHEVAL (3), et non pas de *Mulet*, malgré la dénomination populaire, qui s'explique d'ailleurs très bien.

En terminant, nous rappellerons seulement que le dernier petit CHEVAL de la *race naine* de l'Ile d'Yeu (Vendée) a donné à M. M. Baudouin (2), comme dimensions : 0^{m}135 pour 0^{m}100, c'est-à-dire un indice soléo-podatique de 73,32. — Or ici, nous avons 140 $\times$ 100, et un indice de 71,42. — C'est presque exactement la même chose! — Conclusion : Le *Pas de la Mule* n'est donc bien que l'image d'un *Sabot* d'un PETIT CHEVAL.

III. — HYPOTHÈSES.

ÉPOQUE DE LA SCULPTURE. — De quelle époque datent ces sculptures : SABOT D'ÉQUIDÉ et RAINURES ?

a) Nous savons, d'une part, qu'il existe des sculptures de Sabots d'Équidés, qui datent de l'*Époque néolithique* (Ile d'Yeu, Vendée; etc.): époque affirmée par la coexistence de *Cupules*, qu'on démontre être sûrement de cette période de par la *Stratigraphie* [*Menhirs à Cupules enfouies*, etc.].

b) Nous savons, d'autre part, qu'avec des outils de pierre on peut exécuter des sculptures de cette sorte [de même que les RAINURES voisines], et même des gravures d'un travail bien plus difficile.

c) D'ailleurs des *Stations néolithiques*, indiscutables, existent dans le voisinage (*Fig.* 1) [*Menhir du Repaire*, à Lesterps; lieu dit voisin appelé PIERRE FIXE [pour *Pierre fixée debout*], par suite de l'existence d'un autre *Menhir*; *Dolmen de Saint-Germain-sur-Vienne* (Grand Moulin); *Le Rocher aux Pieds* du Mas d'Ille (3), à Lessac; *Dolmen de Périssac*, transporté actuellement au cimetière de Confolens (4); nombreux lieux dits, appelés *Chirons*, etc.] (*Fig.* 1), tandis qu'on n'en connaît pas de comparables pour l'âge du *Bronze* et du *Fer*.

Tout permet donc d'admettre qu'ici, comme ailleurs, nous

(1) D'après un *Fer moderne* de notre collection.
(2) Marcel BAUDOUIN. — *Découv. d'une Grav. de Sabot de Cheval... au Grand Chiron, à l'Ile d'Yeu* (*V.*). — 1909, in-8' [Voir p. 15].
(3) *Ille*, c'est *Ellé*, c'est-à-dire la *rivière*.
(4) Devenu le *Tombeau de la Sous-Préfète....*

sommes en présence d'une manifestation artistique de l'Homme *Néolithique*.

SIGNIFICATION DES SCULPTURES. — En somme, nous nous trouvons en présence d'abord d'une sculpture de Sabot du *Pied postérieur gauche de Cheval*, exécutée avec une technique un peu spéciale, et de forme un peu trop allongée.

1° SABOT D'ÉQUIDÉ. — Mais, en réalité, nous sommes toujours dans les mêmes conditions qu'à l'Ile d'Yeu (Vendée); et il est évident qu'il s'agit de la Représentation du SYMBOLE du SOLEIL: le *Dieu-Soleil*, déjà anthropomorphisé, étant supposé ici remplacé par le *Cheval*, traînant son *char*.

a) DIEU-SOLEIL. — Cette sculpture signifie donc que ce Rocher était consacré au *Soleil*, et qu'il incarnait dès lors cette Divinité, à l'époque Néolithique.

A. *Soleil couchant*. — Mais c'est du *Soleil couchant* qu'il est question ici pour plusieurs raisons.

1° La *direction du Pas*, qui va vers *l'Ouest* (280° : c'est-à-dire *Azimuth* magn. N.-O. 80°).

2° La *situation, sur le Rocher du Pas*, qui a été sculpté surtout du côté OUEST, pour bien montrer que le Soleil allait alors vers la région *Ouest* du Ciel, venant du Sud; c'est-à-dire sur le *flanc Ouest* du pointement rocheux.

3° La *situation du Pas par rapport à la Rainure verticale Nord-Sud*. — Le Pas, en effet, est à *l'Ouest* également de cette rainure, et, dans le secteur *Ouest*, dans l'angle constitué par cette rainure verticale et la rainure horizontale *centrale*.

B. *Solstice d'Hiver*. — Il est par suite certain qu'il ne peut s'agir que du SOLEIL COUCHANT, représenté au SOLSTICE D'HIVER, puisqu'il n'y a qu'à cette époque de l'année qu'il possède un tel Azimuth de coucher. En effet, un azimuth de coucher de 80° *magnétique* pour la Charente, dont la latitude est 46°, correspond à un Azimuth vrai de 80° + 14°20 [Chiffre de la Déclinaison magnétique pour Confolens); soit à 94°40 astronomique ou 95° environ. Mais, pour 46° de latitude, le Soleil se couche en réalité au Solstice d'Hiver à 145°. Il y a donc eu, depuis l'époque de la Sculpture, une *Déviation de la Méridienne à droite* de 125° — 95° = 30'; et ce chiffre est à peine supérieur à 23°30, déviation maximum.

D'ailleurs, cette époque du solstice a dû frapper les hommes dès le début de la civilisation [*Jours les plus courts*, à *Soleil* le plus rare].

Nous retrouvons donc en Charente exactement le même *Culte*

solaire qu'à l'Ile d'Yeu, avec toutefois un changement de *Solstice* pour le *Coucher* (1).

2° RAINURES. — Mais, à Esse, nous avons, en outre, tout un système de RAINURES, profondément sculptées parfois, qu'il nous reste à expliquer.

A) *Rainures parallèles.* — Si l'on veut bien remarquer que les Rainures n^os I, II, III sont presque exactement PARALLÈLES ENTRE ELLES, on doit en conclure d'abord qu'elles ne font que se répéter, sur le rocher, en des points différents.

1° *Rainure centrale n° II.* — De plus, si l'on veut bien noter quelles sont toutes dirigées à 300° ou 60° Nord-ouest [et ne sont pas PARALLÈLES au Grand axe du SABOT DE CHEVAL]; et que, d'autre part, celui-ci représente la *Course du soleil, dans le Ciel, de son Lever à son Coucher, à l'époque* du *Solstice d'Hiver,* force est d'en conclure que la Rainure centrale n° II, qui le touche presque, doit représenter également, le *trajet,* suivi *dans le Ciel,* par l'astre solaire, mais à UNE AUTRE ÉPOQUE.

Elle serait donc la représentation sur le rocher de la TRACE, *laissée* sur la voûte céleste, par le SOLEIL à une époque différente du Solstice d'Hiver.

2° *Rainure méridionale n° III.* — Quant à l'autre rainure, située au *Sud* (n° III), on peut très bien la considérer comme une représentation de trace, tout à fait identique, du trajet céleste du soleil, si l'on admet, toutefois, qu'elle se rapporte au point de croisement des *rainures* (2).

Le centre de figure étant, en effet, non pas le *Pas,* mais le milieu de la *Rainure verticale* ou a peu près, l'extrémité *Est* de cette 3e rainure correspond alors aussi à 120° Est et l'autre à *l'Ouest* à 300°. — Or ces points sont ceux du *Lever* et du *Coucher* du Soleil, aux Equinoxes, comme, d'ailleurs, les extrémités *Est* et *Ouest* de la Rainure Nord (n° II) correspondent au lever et coucher du Soleil auxdits EQUINOXES.

Tout devient dès lors très clair, avec cette hypothèse du CHEVAL SOLAIRE (3).

(1) A l'Ile d'Yeu, le Sabot du *Chiron Brulin* correspond en effet au SOLSTICE D'ÉTÉ (*Coucher*).
(2) S'il y a eu un 2e *Sabot d'Equidé* en P² (*Fig.* 4), comme le dit la Tradition populaire, on remarquera que sa situation aurait été tout à fait symétrique de celle de P¹. — Il serait par suite possible que ce sabot, s'il a vraiment existé, ait représenté le *Lever du Soleil,* dans les mêmes conditions. — Mais toute hypothèse à ce propos est inutile et serait même dangereuse, puisqu'on ne sait pas si vraiment une autre sculpture se voyait jadis sur le rocher !
(3) L'un de nous, M. Marcel Baudouin, a, d'ailleurs, observé, dans le Haut Bocage Vendéen, en compagnie du Dr E. Boismoreau, des *Rainures* de même ordre sur des rochers granitiques.
Au début, il prenait ces rainures pour l'œuvre des *Carriers* modernes. —

B) *Rainure méridienne*. — Quant à la rainure n° IV, perpendiculaire aux précédentes, elle représente dès lors le *Méridien terrestre*, c'est-à-dire la trace qu'aurait fait, sur le rocher, le plan vertical passant par le Soleil, quand cet astre était exactement au MILIEU DE SA COURSE DIURNE, à *l'apogée de son Ascension*, c'est-à-dire à MIDI; cela à l'époque *Néolithique* ! — Ce serait comme une sorte d'ombre du *Soleil à Midi*, divisant son trajet diurne en deux parties égales.

Comme cette *Méridienne* néolithique fait avec la Méridienne astronomique actuelle un angle de 15°40 environ [30° = 15°40 + 14°20], puisque la Déclinaison est d'environ 14°20 à Confolens (*Fig.* 4), et, comme la différence pour le *Pas* est de 23°30, en prenant la moyenne de ces deux chiffres, on a : 15°40 + 23°30 : 2 = 39,10 : 2 = 19°35, pour la *Déviation méridienne probable*. — Or, d'après le phénomène de la Précession des Equinoxes, cela correspond à environ 5.000 ans av. J.-C.

2° COMPARAISONS. — Il ne faudrait pas croire que l'on ne connaisse pas déjà ailleurs des faits comparables.

A. Sabots. — 1° M. Marcel Baudouin a montré qu'à l'Ile d'Yeu (V.) le centre cultuel du Sud de l'île était constitué: *a*) par un *Sabot de Lever*; *b*) par un *Sabot de Coucher*; *c*) et par un *Pied humain*, pour la *ligne méridienne* : le tout au SOLSTICE D'ÉTÉ (1)!

B. Pieds humains et Cupules. — Avec M. Boismoreau (2), il a prouvé, en outre, que le *Pas de Saint-Roch* à Menomblet (V.) présentait une disposition analogue à celui du PAS DE LA MULE (*Mutatis mutandis*); mais ici les extrémités des *Rainures* sont remplacées par des *Cupules*. *a*) Au centre, un *Pied humain*, correspond, en effet, à la *Méridienne*. *b*) Au Nord-est et au Nord-ouest, *deux* Cupules représentant le lever et le coucher de l'Astre au SOLSTICE D'ÉTÉ. *c*) Au Sud-est, deux Cupules représentant le lever au SOLSTICE D'HIVER.

C. Rainures — Qui plus est, M. Baudouin a reconnu déjà, autrefois, des représentations *de la Course du Soleil* dans le Ciel sous forme de *longues Rainures*. — En voici des exemples :

a) Sur la 4e Dalle de l'Hypogée de la Source, au Castellet (Bouches-du-Rhône), il y a une *Rainure*, qui commence par une *Cupule* [Lever], et qui finit par une *Roue solaire* à *quatre rayons*,

Mais sa conviction est faite aujourd'hui. Ce travail est *néolithique*, car il correspond toujours à une orientation voulue, qui se rapporte toujours à la MARCHE DU SOLEIL.

(1) Marcel BAUDOUIN. — *Découverte d'une seconde Gravure de Sabot de Cheval, à l'île d'Yeu* (V.). — 1912, in-8°.

(2) Marcel BAUDOUIN et E. BOISMOREAU. — Mémoire Inédit.

traînée par un *Cheval* (1), après avoir décrit l'*Arc solaire diurne*.

b) Sur le Rocher du *Pas de Sainte Anne et de la Vierge*, près Buno (Seine-et-Marne) (2), il y a aussi une *Rainure* courbe analogue.

c) Sur deux blocs de Rochers, en Haute Vendée (Saint-Mesmin-le-Vieux : *Montboïsé* et *La Gibaudière*), il y a des rainures, qui semblent être des *traces* du même genre (3).

ROCHER CONSACRÉ. — Mais pourquoi ce rocher a-t-il été plus spécialement que d'autres consacré au *Dieu-Soleil*?

D'ordinaire, on ne trouve de sabots de chevaux sculptés que dans des *Centres Cultuels*, en relation soit avec des HAUTEURS [*Hohen-Cultus*], soit avec des *Fontaines* ou des SOURCES [*Saut du Prince Charles*, etc.] [*Culte des Fontaines*].

SOURCE SACRÉE. — Evidemment, il y a eu là jadis un centre cultuel; mais, puisque nous ne sommes pas sur un lieu très élevé, y a-t-il eu jadis, dans le voisinage, une *SOURCE*, douée de propriétés miraculeuses, c'est-à-dire consacrée à une Divinité ?

Nous l'avons recherchée; mais, à ce point de vue, jusqu'à présent, notre enquête n'a pas complètement abouti; au demeurant, combien de sources traditionnelles, qui ont disparu, ou se sont déplacées, depuis l'époque Néolithique !

En tout cas, il n'en est pas moins certain qu'il existe réellement une *Source*, voisine du *Pas de la Mule*.

En effet, il suffit de consulter la carte (*Fig.* 1 ; R.) et d'aller sur les lieux pour constater qu'à 30 ou 40 mètres à l'*Ouest* (toujours à l'*Ouest!*) du Rocher à sculptures, serpente, du côté de Confolens, un petit *Ruisseau*, qui peut avoir un mètre de large et coule du Nord au Sud. Or ce ruisselet *prend naissance* dans un *pré*, qui touche la parcelle où est le *Pas de la Mule*. Le sol du dit pré est *tourbeux*.

C'est le fond d'un petit vallon (*Fig.* 1 ; R.), où il y a de petites sources. Le ruisselet, qui passe à la vieille Garcellie, à Pierre fixe (*Menhir* ancien), et près du *Repère* (Menhir), va se jeter dans la Vienne à Confolens, après avoir constitué un ruisseau assez important de la rive droite ou Est de cette large rivière. — La source est donc très voisine, à l'*Ouest* du Sabot.

(1) Marcel BAUDOUIN et URPAR. — *Les Gravures de la 4ᵉ Dalle de Couverture de l'Hypogée de la Source au Castellet (commune de Fontvieille, B.-du-R.): Le Cheval solaire.* — Bull. Soc. Préh. Franç., Paris, 1912, n° 5, mai, p. 285. — Communication, inédite, à la Soc. préh. Franç. (séance du 23 janvier 1913).— M. Baudouin possède le moulage de cette *Rainure*, de la *Roue* et du *Cheval*.

(2) M. Baudouin a fait le moulage de cette rainure avec M. le Dʳ Atgier [*Inédit*], en même temps qu'il moulait les Pieds.

(3) M. Baudouin, en 1912, a moulé la rainure de *Montboisé* [Inédit].

Il est très probable, par suite, que c'est l'existence de cette Source, qui a fait choisir ce rocher pour sa consécration au *Soleil.* On sait, en effet, que les rapports du *Dieu Solaire* avec les *Sources* sont aujourd'hui bien établis, grâce aux sculptures sur rochers de Pieds humains [Avrillé, Réaumur, Menomblet (en Vendée); etc.].

Qui plus est, on constate encore ici que la *Source* est à l'*Ouest* du rocher, et que le *Sabot regarde la Source,* comme cela s'observe au Kellermannfels à Niederbronn (Alsace), et même au sommet du Rocher du Prince Charles, à Saverne, etc., etc.

Il est, croyons-nous, inutile d'insister davantage sur ces coïncidences, qui, évidemment, se répètent trop souvent, et même partout, pour ne pas être *voulues.*

Conclusions. — Le Pas de la Mule de Saint Maurice, à Esse (Charente), est une sculpture sur rocher, représentant la face plantaire d'un Sabot de petit Cheval.

Elle est accompagnée de plusieurs Rainures, très importantes, longues et profondes, creusées dans le granite, qui paraissent être à peu près de la même époque que le *Pas de la Mule.*

Cet ensemble date de la *Pierre polie*; et, d'après l'hypothèse connue de M. Marcel Baudouin, nous admettons que ces sculptures représentent: l'une le Symbole du Dieu-Soleil à son *Coucher,* au *Solstice d'Hiver;* les autres ses diverses *traces* (Marche) *dans le Ciel;* et que par suite le Rocher en question était jadis *consacré* au *Culte* de ce *Dieu.* — Il est probable aussi que ce Rocher a été choisi, parmi les autres de la région, pour consacrer une Source voisine, déjà dédiée à ce Dieu Solaire, dont le Folklore n'a pas conservé le souvenir, malgré son importance autrefois, car la Source est réelle et existe toujours.

Le phénomène de la *Précession des Equinoxes,* appliqué à la *Rainure* représentant la *Méridienne,* aux autres rainures (*Traces de la Marche*) et à la Sculpture de *Sabot,* indique un travail humain, remontant environ à 5.000 ans avant J.-C., soit à 7.000 ans en totalité : date parfaitement admissible.

Découverte et description d'un Polissoir, dit La Pierre du Terrier de Babelot, à légende dite des Pieds de la Fée Mélusine, commune d'Aumagne (Charente-Inférieure).

PAR

A. COUSSET (Etaules, Charente-Inférieure).

SITUATION. — Le Polissoir dont je veux parler est situé dans l'ancienne commune de Villepouge, réunie à celle d'Aumagne par décret en date du 21 mars 1901 (*Fig.* 1). — Il se trouve dans la section E du cadastre [ancienne section A, de la commune de Villepouge], feuille n° 1, dite du chef-lieu [ancienne commune de Villepouge]. — Le Lieu dit est le Bois Bellot (*Fig.* 2). Il est placé dans la parcelle n° 398. — Le propriétaire est M Serrier (Louis), cultivateur à Aumagne (Charente-Inférieure).

Voie d'accès. — Pour s'y rendre, le mieux est de descendre à l'arrêt de Chagnon, ligne des chemins de fer de Saint-Jean-d'Angély à Cognac. De là, suivre la route « romaine » dans la direction de Varaize, jusqu'à la route nationale n° 139; prendre celle-ci à main droite et la suivre jusqu'au premier coteau; s'arrêter à la borne kilométrique : Saint-Jean-d'Angély, 10 kilom. — Mâtha, 8 kilom. (*Fig.* 1).

. On a alors, à gauche, le bois de La Garde et à droite un petit bosquet, au bout duquel est le Polissoir (*Fig.* 2).

DÉNOMINATION. — Au cadastre, le Lieu dit est écrit : Bois Bellot. Mais, dans le langage du pays, on dit : La Pierre du Terrier de *Babelot.* — Dans une pièce de 1506 (1), il est dit d'ailleurs : « En Sainte-Même....., est le fief de Babelot ».

GÉOLOGIE. — Le sol est constitué par le Portlandien moyen (2).

---

(1) *Archives historiques de la Saintonge et de l'Aunis*, Tome XXIX, p. 249. [Comté de Taillebourg].

(2) Ph. GLANGEAUD. — *Le Portlandien dans le bassin de l'Aquitaine.* — *Bulletin des Services de la Carte géologique de France*, tome X, 1898-1899, p. 19 et carte.

PÉTROGRAPHIE. — Cette roche est un poudingue quartzeux [*Grès tertiaire*], à gros grains, de couleur brune à un bout, et rose à l'autre extrémité. Elle est en place où elle se trouve, bien que couchée sur un côté ; et les différents lits de dépôts qui l'ont formée sont bien apparents. De plus, des fragments de même nature, mais très petits, se rencontrent dans les champs voisins [Parcelles nᵒˢ 349 et 350 du plan cadastral (*Fig.* 2) (1)].

DESCRIPTION. — La longueur de ce bloc de grès est de 2 mètres ; sa largeur de 1ᵐ10 à un bout et de 0ᵐ90 à l'autre ; l'épaisseur prise dans le sens de la stratification est de 1ᵐ10. Le côté qui nous

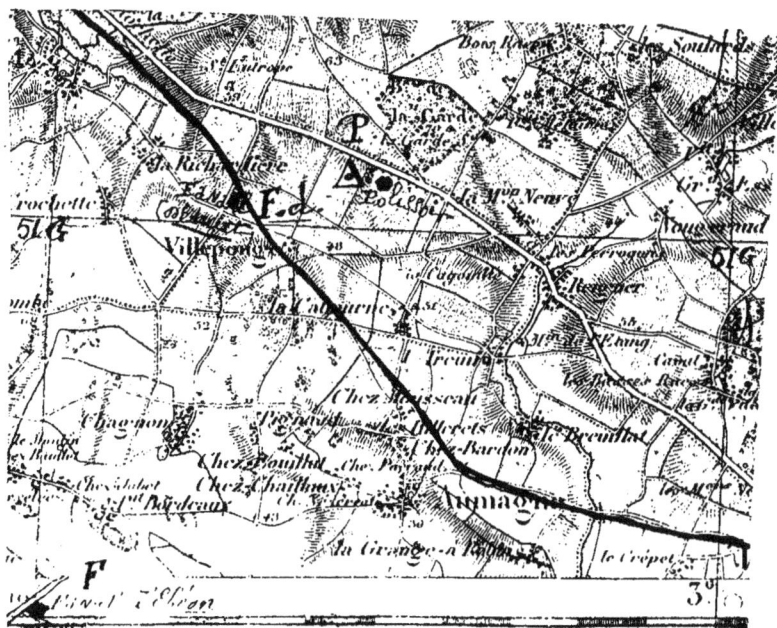

Fig. 1. — LA PIERRE DU TERRIER DE BABELOT. — *Situation topographique* (●).
[D'après la Carte d'Etat-major au 80.000].

occupe [et qui seul a des traces produites par le frottement dû au polissage], était autrefois la force zénithale, avant que ce bloc ait été remué il y a peu d'années, lors d'une fouille ayant probablement pour but de reconnaître s'il ne constituait pas la table d'un dolmen : ce qu'aurait pu faire supposer la dénomination de Ter-

(1) Il existe des dépôts de quartz sableux aux environs de *Sainte-Même*; d'autres dans la commune de *Mâtha*, aux *Brandes* [sables et grès], et aux hameaux des *Hubins* et de la *Férouse* [Grès].

rier (1). Il est maintenant renversé sur un côté et l'ancienne face
supérieure est tournée vers le Sud-ouest.

Sur cette face, nous remarquons (*Fig.* 3), en A, un grand sillon
ou rainure, creusé par le polissage ; longueur 0^m45 ; largeur 0^m06,
profondeur 0^m03 et 0^m04. — En B, et séparés par une arête, se voient
deux espaces très lisses, qui ont servi au polissage par frottement
à plat [*Cuvettes*]. — A l'autre extrémité, et renfermée par la ligne C,
on distingue une légère dépression de la pierre, formant quelque
peu cuvette. — En D et D', nous remarquons deux sillons ou rainures ; dans le fond de chacun d'eux il existe cinq petites cuvettes
ovales, espacées de 0^m10 en 0^m10 environ ; leur longueur est de

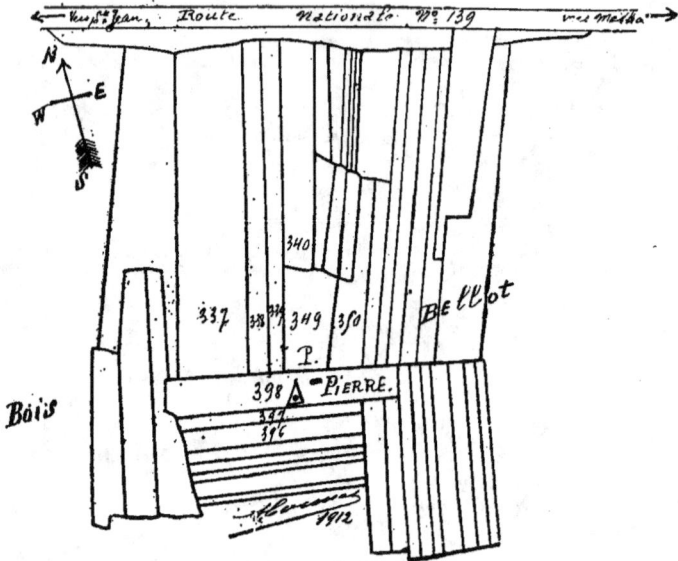

Fig. 2. — LE POLISSOIR, dit « LA PIERRE DU TERRIER DE BABELOT ». — Situation [—], d'après
le Cadastre de la Commune d'Aumagne (Charente-Inférieure). — Parcelle n° 398.
Echelle : 1/5.000.

0^m10 et de 0^m12, leur largeur de 0^m04 et leur profondeur de 0^m03
et de 0^m05 : dimensions prises au niveau de leur bord supérieur
au fond de la rainure. — En E est une petite cavité, à parois très
lisses. En F est une autre cuvette, de forme allongée : longueur
0^m30, largeur 0^m20 et profondeur 0^m10.

LÉGENDE. — La Légende rapporte que : « Une Fade, du nom de
« Mélusine [Malésine] (2), avait été condamnée (3) à bâtir dans une

(1) Dans la région on nomme Terrier ou *Trier* toutes les hauteurs mame-
lonéés, tous les coteaux ; la même appellation s'applique quelquefois à un
tumulus. Le Terrier de Babelot qui nous occupe est simplement un coteau.
(2) *Malésine*, dans la prononciation locale.
(3) On ne dit pas pour quelle raison.

« seule nuit le Fanal de Villepouge (*Fig.* 1 ; F. *d.*). Cette Fade, qui
« avait bientôt terminé son travail, portait dans son tablier la der-
« nière pierre, s'étant attardée en passant près de la Fontaine de
« Reigner (*Fig.* 1), et voyant venir le jour, elle se hâta d'aller por-
« ter son fardeau qui devait finir le fanal. Mais le chant du coq la
« surprit sur le Terrier de Babelot ; les cordes de son tablier se
« rompirent et la pierre tomba où elle est encore. La Fade, posant
« la POINTE DU PIED sur cette pierre, poussa un grand cri et dis-
« parut !.. On ne l'a plus revue depuis. »

Les uns voient la trace laissée par la pointe du PIED DE MÉLU-
SINE dans la petite cuvette F; d'autres, au contraire, croient voir
cette même trace [double] en D et D' : d'où les cinq petites cuvettes
des rigoles, qui représenteraient l'extrémité des doigts des DEUX
PIEDS de la FADE !

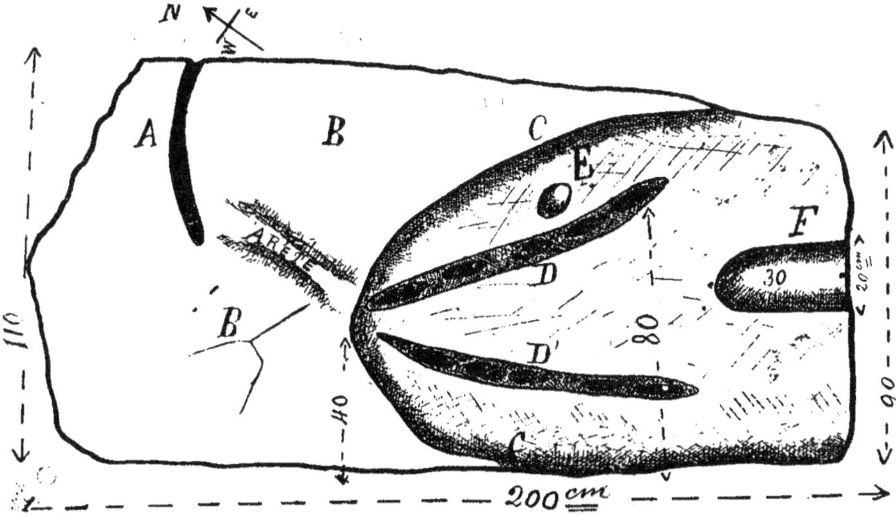

Fig. 3. — LE POLISSOIR DU TERRIER DE BABELOT (CHARENTE-INFÉRIEURE) — *La Face zéni-
thale.* — *Echelle*: 5|100. — *Légende* : A, Rainure — B, Cuvettes; — E, Cuvette ; —
D, D', Rainures de Polissage à cuvettes; — E, cavité.

Ceci n'est que conte, de pure imagination, créé par la Légende,
car ces fausses cupules ne sont rien autre chose que les traces laissées par le travail de polissage et ne ressemblent en rien aux PIEDS
SCULPTÉS, que nous connaissons bien.

TROUVAILLES. — On ne rencontre aucun fragment de silex autour
de ce polissoir. D'après les dires des anciens, il paraîtrait qu'on
aurait trouvé autrefois certaines monnaies, très anciennes, au pied
de cette Roche à Légende. Nous n'avons pu avoir confirmation du
fait avancé, ni pu faire encore une fouille aux alentours. Si le fait

est exact, nous aurions là peut-être une pierre votive, ayant eu un rôle analogue à celui de certaines fontaines (1).

La Pierre et la Légende sont très connues dans les localités voisines; mais, malgré nos recherches, nous n'avons trouvé aucun texte en faisant mention.

RELATIONS AVEC LES LIEUX VOISINS. — Celles-ci sont au nombre de deux : 1° Avec la FONTAINE DE REIGNER, laquelle, très abondante, est située au centre du village (*Fig.* 1); 2° avec le ou les FANAUX voisins.

a) Celui de Villepouge (2), au sommet duquel la *fade* portait la dernière pierre. — Ce monument se trouvait à quelques pas de la gare de Chagnon (commune d'Aumagne et anciennement de Villepouge); il avait été construit en bordure de la voie romaine de Saintes à Poitiers. Il portait le nom de *fanal*, *fanau* ou *fâna* (3), et était encore debout au milieu du xviie siècle; vers 1840, il ne formait plus qu'un amas de matériaux, qui furent dispersés (*Fig.* 1 ; F. d.).

L'emplacement fut fouillé, pendant l'hiver 1896, par M. le Dr Guillaud (4). Il y fut trouvé entre autre : un soubassement carré, de 10m40 environ de côté, de construction romaine, une grande quantité de débris sculptés, une tête colossale (féminine), ayant 0m75 de hauteur en pierre du pays (5), quelques monnaies des *Antonins*, et, de plus, deux tablettes en plomb, couvertes de caractères *cursifs*, dites *plaquettes de maléfice* ou *d'envoûtement* (6).

Pareilles pratiques s'étant produites au Fanal, il n'y aurait rien d'extraordinaire à ce que des monnaies aient été jetées en ex-voto autour de la Pierre du Terrier de Babelot, dont la présence, parmi les roches calcaires, a dû intriguer les peuples primitifs.

b) Le *Fanal d'Ébéon* est situé du même côté de la route romaine et à environ 4 kil. du précédent [Reproduit en *Carte postale*] (*Fig.* 1 ; F.).

CONCLUSIONS. — Il est à désirer que la commune d'Aumagne, ou une Société scientifique du Département ou de Paris, achète ce polissoir, pour en assurer la conservation à la place qu'il a toujours occupée.

(1) Entre autres les Fontaines de Font-Garnier (commune de Chenac), de Fontloreau, près de Pons (Charente-Inférieure), et celle de Nesmy (Vendée).
(2) Dénommé encore : Fanau de Parsac [1417]; Faniaulx de Varèze (xviie siècle); Fanal de la Richardière; et, plus scientifiquement, sous celui de Chagnon (du nom de la gare), depuis les fouilles du Dr Guillaud.
(3) Ce genre de monument se nomme encore : pile, vernenet, fâ. — Certains y voient les simulacra constructa, dont parle César (de Gallo Bellico).
(4) Dr GUILLAUD. — *Bulletin des Archives historiques de la Saintonge*, tome XVII, p. 175; et p. 154 et suivantes ; tome XVIII, p. 322 et suivantes.
(5) Elle se voit au Musée de Saintes, auquel M. le Dr Guillaud l'a donnée.
(6) Etudiées par M. Camille Jullian, alors professeur à l'Université de Bordeaux (Comptes rendus des séances de l'*Académie des Inscriptions et Belles-Lettres*, année 1897, Bulletin de mars-avril. — *Bulletin des Archives historiques*, tome XVII, p. 254 à 260).

La « Grant Pierre Levade » de Séchebec ou Dolmen de Cognac (Char.) et Redécouverte de ses Menhirs Satellites [Historique et Description du Dolmen].

A. COUSSET (Etaules, Charente-Inférieure).

DOCUMENTS HISTORIQUES. — N° I. — L'an 1483, le 11 mai. Acte de partage (1) entre Jacques de La Madeleine (2) et ses oncles Pierre et Gardraz de La Madeleine. [Parchemin incomplet. Tout le commencement manque; les parties effacées ou coupées sont laissées en blanc].

« .... et d'illec suivant un semblier (3) qui va de ladite baulne sur ladite maison senestre, au chemin......, qui va de Couignac (4) à Chastenet suivant le dit chemin ancien vers ledit Chastenet jusques à ung petit semblier estant au·dessoubz de la pierre...... qui est au long du chemin ancien et dudit semblier suivant ung terrier jusques au mur dudit parc (5), jusques auxdits Bassaulx. Item, plus une pièce de terre contenant quarante journaulx (6) de terre ou environ parconnière (7) par moitié avec mondit Seigneur le conte (8) assise sur la combe de Chas-

---

(1) Passé au « Chastel de La Brosse » [bourg de La Brousse, canton de Mâtha] chez Loys de La Brosse, chevalier, seigneur du dit lieu [Proche parent des de La Madeleine]. — La famille de La Madeleine tirait son nom du manoir de La Madeleine, commune des Touches de Périgny, canton de Mâtha. La branche possédant le fief patronymique et les biens de Cognac s'est éteinte, il y a un demi-siècle, en la personne de *Jacques* de La Madeleine, décédé sans enfants. Ses biens furent partagés et dispersés entre ses neveux, les de Bonnegens et les de Chièvres.

(2) Jacques de La Madeleine (xv° siècle) était surintendant des Finances du Comte d'Angoulême.

(3) Semblier ⇒ Sentier.

(4) Cet ortographe *Couignac* est de nos jours encore, dans le langage vulgaire de la région, la prononciation exacte et véritable du nom de la ville de Cognac. — A remarquer, dans ce document du xv° siècle, que l'ortographe est phonique; *on y reconnait l'accent Charentais*.

(5) Le parc de Cognac : beaucoup plus grand qu'aujourd'hui.

(6) *Le Journal* : ancienne mesure agraire, qui, dans la région, valait trente-deux ares (32).

(7) *Parconnière*, terme désignant un bien possédé en commun comme propriété et dont le revenu seul est partagé.

(8) Charles de Valois, Comte d'Angoulême, père de François Ier.

tenet, tenant d'un costé au chemin ancien qui vient de la Maladrerie (1) à Chastenet, et d'illec suyvant ung chemin ancien sur main dextre qui vient dudit chemin de Chastenet jusques à ung semblier estant sur ladite main dextre et suivant ledit semblier jusques aux terres du mondit Seigneur le Conte, ung autre semblier entre deux, suyvant icelluy semblier jusques audit chemin ancien, qui vient de ladite Maladerie audit Chastenet. Item, plus cinquante journaulx de terres ou fief de la Bauzelle, assis près de la Maladrerie de Couignac et tenant d'une part à la croix qui est sur le chemin, que l'on va de Couignac au port de Leschassier, et suivant le dit chemin jusques à la baulne (2) qui est près et tenant de la grant pierre levade (3), ledit chemin entre deux, et de ladite baulne tranchant et tirant droit jusques à une aultre baulne (4) qui est assise sur le chemin que l'on va de Couignac à Gademoulins (5) et en Angoulesme, et retournant et suivant le dit chemin, vers la ville jusques au droit de la dite Maladrerie (5), et d'illec montant le long d'un semblier où chemin qui va droit à ladite croix cy dessus déclairée. Item, une pièce de terre contenant cinq journaulx de terre ou environ, assise près de la Maladrerie, audessus du chemin de Barbezieux (6), tenant d'une part au chemin qui va de Couignac aux terres de ladite Maladrerie et desdites terres suivant ung semblier qui divise et départ les terres dudit monseigneur le Conte audit Seigneur de La Magdalene jusques à ung autre semblier qui fait pareille divise suyvant icelluy semblier jusques audit chemin de Barbezieux, retournant le long dudit chemin vers la ville jusques au chemin desdites Sablières. Item, plus une autre pièce de terre contenant six journaulx de terre ou environ, assise audessus desdites terres de ladite Maladrerie, tenant d'une part aux terres dudit Seigneur le Conte, d'autre part aux terres dudit Seigneur de La Magdalene jusques à ung autre semblier qui fait pareille divise suyvant icelluy semblier jusques audit chemin de Barbezieux, et retournant le long dudit chemin vers la ville jusques au chemin desdites Sablières. Item, plus une autre pièce de terre contenant six journaulx de terre ou environ assise au-dessus desdites terres de ladite Maladrerie, tenant d'une part aux terres de mondit Seigneur le Conte, d'autre aux terres de Guillaume de La Court, d'ung des costez aux terres dudit Seigneur de La

(1) La Maladrerie était au moyen âge un établissement hospitalier pour les Lépreux ; il était situé aux environs du terrain, où est aujourd'hui la gare de Cognac-Etat; peut-être même est-ce la ferme désignée *Hospice* sur la carte au 80.000°, et qui est située sur la route de Salles.

(2) La *Baulne* signifie la *Borne*. Cette borne devait être un menhir-satellite du dolmen ; elle existe encore à peu près en même place, mais renversée.

(3) La « Grant Pierre Levade » est la Pierre Levée de Séchebec ou Dolmen de Cognac.

(4) Cette deuxième *Baulne* existe encore [à la place qui est citée dans le texte]; à côté est le poteau indicateur de l'octroi de la ville de Cognac ; mais la pierre a été retaillée et est aujourd'hui de forme hexagonale ; elle ne porte aucune inscription et ne paraît pas avoir de raison d'être, si ce n'est celle d'ancien Menhir, indicateur du dolmen.

(5) C'est à l'angle de ces deux mêmes chemins que se trouve la deuxième Baulne: celle qui est retaillée.

(6) Route de Barbezieux, par Segonzac.

Magdalene, et de l'autre cousté aux terres du mondit Seigneur le Conte. Item, plus une autre pièce de terre contenant quatre journaulx de terre ou environ, assise, audessus du puys ancien de ladite Maladrerie tenant d'une part au vergier des héritiers de feu Grans, pasteur de Couignac et d'illec tirant au long des terres de Guillaume de La Court, jusques aux terres dudit Seigneur de La Magdalene, et d'autre part tenant aux terres dudit prieur de Couignac. Item, plus une autre pièce de terre contenant sept journaulx de terres ou environ, assise près du chemin de Genté et de la combe du Mas, tenant d'un costé audit chemin de Genté et d'autre part tenant le long des terres de Guillaume de La Court, et d'autre part et par le dessus aux terres de Monseigneur le Conte. Item, plus une autre pièce de terre contenant vingt journaulx de terre ou environ, assise en la combe du Mas, tenant d'une part au chemin que l'on va de Couignac à Salles (1) et d'un des bouts et d'un costez aux terres de mondit Seigneur le Conte, et d'autre part tenant au long des terres de Guillaume de La Court. Item, plus une autre pièce de terre contenant vingt journaulx de terre ou environ, assise près la porte Saint-Martin (2), et tenant d'un bout au chemin que l'on va de Couignac à Salles et à Genté, d'un des costez au chemin que l'on va de Couignac au lieu que les Fourches patibulaires appelées les Justices (2) de Couignac, souloient estre, et par le haut tenant aux dites Justices et de l'autre costez tenant aux terres du prieur de Couignac. Item, plus une autre pièce de terre contenant quatre journaulx (3) de terre ou environ, assise près de ladite porte Saint-Martin, entre le chemin de l'église Saint-Martin et le chemin de Salles, tenant d'une part aux terres de Guillaume de La Court, d'autre part aux terres des Bassaulx et d'autre part aux terres des héritiers feu Aymés Mercier, escuier. Item, plus ung fief de terres en écusson, près la pierre de Lestrac (4) tenant d'une part à la croix qui est sur le chemin que l'on va de Couignac à Gademoulins et en Angoulesme suivant le chemin de Gademoulins jusques au semblier ou chemin (5) qui va du port de Usseau à Genté et suivant le chemin d'Usseau jusques au chemin qui vient de la Paluz de Couignac et suyvant ledit chemin jusques à la croix cy-dessus déclairée. Item, plus un autre lieu et très grand pré de terres appelé d'ancienneté par les anciens le fié Chamberlant, par les autres fief du Puy-Pinier et maintenant de très long et très ancien temps le fié de la Magdalene, commençant et tenant d'une part ledit fief au chemin que l'on va de Gouignac à Clappar au Genssac et au chemin que l'on va du port de Usseau à Genté, en suyvant le long dudit

---

(1) C'est la route actuelle de Salles d'Angles et de Saint-Fort-sur-Né ; elle passe devant la ferme « L'Hospice » et au village de Pierre levée [Commune de Châteaubernard], à 100 ou 150 mètres du Dolmen de La Combe.
(2) Les Justices de Cognac étaient situées près de la Porte Saint-Martin, l'un des plus anciens quartiers de la ville ; cette porte était distante d'environ 300 mètres de la *Pierre levée de La Combe*, sise *près de la route de Salles et Genté*.
(3) Nous sommes là en aval de Cognac, sur la rive gauche de la Charente, en face de Croin, qui est sur la rive opposée.
(4) La *Pierre de Lestrac* (?).
(5) Nous sommes là proche de Uffaut, après l'Echassier.

chemin de Gensac jusques près la Paluz et audit Clapar, et illec tenant
aux terres du prieurté de Boutheville en laissant ledit chemin de Genssac
et tirant lelong desdites terres du prieurté, laissant icelles sur main
senestre et suivant droit ung sembler et terrier jusques à l'osme (1) et
croix de Six-Voyes (2) et au grand chemin ancien appelté par aucuns le
chemin Merpines, par les autres le chemin Chaussac et par les autres
le chemin Saulneret, allant le long dedit grant chemin ancien vers Merpins jusques audit chemin qui va dudit port d'Usseau audit Genté,
retournant et suyvant icelluy chemin d'Usseau jusques audit premier
chemin qui va de Couignac audit Clappar en Gensac et illec finist. Et
est assavoir que au long du fié et audedans des confrontacions passe et
tranche le chemin qui va de Couignac à Roissac et se rend audit houlme
et croix de Six-Voyes. Item, plus une pièce de terre contenant douze
journaulx ou environ, assise près de la paluz entre les deux chemins
que l'on va de Couignac audit lieu de la Paluz, tenant d'une part aux
terres des héritiers feu Sallebranche et aux terres du prieurté de Boutheville, et d'autre à la voye Sallemoune. Item, plus une autre pièce de
terre contenant vingt journaulx de terre ou environ, assise audessoubz
du chemin qui va dudit Couignac à la Paluz, tenant d'une part aux terres
des héritiez Sallebranche et dudit prieurté de Boutheville, d'une part
au chemin de Cordeleigne et audit chemin retournant au chemin de
Peyrat et d'icelluy chemin tirant droit à la Paluz jusques au terres des-
dits héritiers Sallebranche, deux baulnes entre-deux. Item et est assavoir que l'une des deux pièces y a cinq journaulx de terres arrentées
qui sont et demeurent au dit Seigneur de La Magdalene. Item plus est
et demoure audit Pierre de La Magdalene, le tiers du droit que lesdits
escuiers prennent ou ont coutume d'avoir et prendre sur le droit de
quint du port Saulnier de Couignac, etc.......... » [Texte extrait des
Archives historiques de la Saintonge et de l'Aunis, tome XXVIII, chapitre XXI, page 151 et suivantes, Année 1899 : Les *de La Madeleine* ;
par M. Louis Audiat].

No II. — 2o L'an 1496, le 18 décembre. — Aveu et dénombrement
rendu à Louise de Savoie, comtesse d'Angoulême par *Jacques de la
Madeleine,* de ce qu'il tient d'elle et de son fils mineur [François].

« .... Item, plus une terre poussée et assise jouxte la terre de Pierre
Guinebert de l'un chief, devers les *fourches de Couignac* (3). Item, plus
une levée, poussée jouxte le chemin que l'on voit de Couignac à Croing
et jouxte le *Pierre levade* (4) d'une part, et jouxte la levade de Jehan

(1) Ormeau.
(2) *Six-Voyes* ; [voir la carte *Fig.* 1] = *Six-Chemins,* sur une ancienne voie
romaine conduisant à Saintes par Merpins; un peu plus loin que les Six Chemins, à Bellevue, est une borne milliaire, à gauche de la voie, après le croisement des deux routes.
(3) Les Fourches patibulaires ou Justices de Cognac; voir leur situation, plus
haut, au document du 11 mai 1483.
(4) « La Pierre Levade », située près des Fourches patibulaires ou Justices de
Cognac, est la même que celle de La Combe-aux-Dames, qui est située près de
la route de Salles et à Genté, et « d'un autre côté [voir au document] au
chemin que l'on va de Couignac au lieu que les Fourches patibulaires, qui

Fléchìer (1) de l'autre part. Item, etc....... [*Archives historiques de la Saintonge et de l'Aunis,* tome XXVIII, chapitre XXXI, pages 188 et suivantes, 1899 : Les « De La Madeleine ; par Louis AUDIAT].

Nᵒ III. — 3ᵒ L'An 1502, le 8 mai. — Aveu et dénombrement de ce qu'il tient en Cognac, etc... rendu par Jean de Brémond, gendre de Jacques de La Madeleine.

« .... Item, plus une levée poussée jouxte le chemyn que l'on vait de Couignac à Croing et jouxte la *Pierre Levade* de l'une part et jouxte la levade de Jehan Fléchier de l'autre part. Item, tiens de la madite dame, etc... » [*Loc. cit.,* chapitre XXXIV, pages 201 et suivantes ; par Louis AUDIAT].

HISTORIQUE. — 1ᵒ 1880. Le *Bulletin des Archives historiques de la Saintonge et de l'Aunis* (Tome II, page 156). — Dans une liste des dolmens et allées couvertes de la Gaule, dressée d'après des documents recueillis par la Commission de Topographie des Gaules (Communication de M. Lièvre), on lit : « *Saint-Martin-de-Cognac,* un DOLMEN » (2).

2ᵒ 1900. M. Gustave Chauvet [*Statistique et bibliographie des Sépultures pré-romaines du département de la Charente,* page 35] dit : « *Dolmen de Séchebec.* Table renversée, de 8 mètres de long, 2ᵐ80 de large, et 0ᵐ50 d'épaisseur. » — L'auteur le classe dans le chapitre III (Sépultures indéterminées) [Le chapitre I se rapporte aux *Sépultures par inhumation* et le chapitre II aux *Sépultures par incinération*].

Bibliographie indiquée par M. Gustave Chauvet: Marvaud,*Répertoire,* p. 83. — T. de Rochebrune, *Distribution,* p. 19 ; *Dict. celtique.* p. 296. — G. Chauvet, *Bull. Soc. arch. Charente,* 1898 [G. Chauvet. *Bull. Archéolog.,* Paris, 1899, Imp. Nat., p. 321].

3ᵒ Consultant la monographie de Paul Joanne [*La Charente,* 1909, page 54], au mot Cognac, nous n'y avons trouvé aucune citation de dolmen. — Dans le *Guide* que publie la maison Michelin [Édition 1912, page 272], à la suite du mot Cognac, nous lisons : « A 8 kilomètres, château de Garde Epée et dolmen de Saint-Brice» ; mais aucune mention pour Cognac même d'un monument de ce genre, bien que l'on passe à côté pour se rendre à Saint-Brice !

4ᵒ Dans les grands Guides Joanne, Bædeker, etc..., même dans leur dernière édition [et à la date du 1ᵉʳ juillet 1912], il n'est question d'aucun dolmen dans la commune de Cognac.

5ᵒ La *Carte du Ministère de l'intérieur* (100.000ᵉ), édition 1901, ne le mentionne pas non plus. — De même que celle de l'Etat-

sont près de la porte Saint-Martin », laquelle porte n'est elle-même qu'à 1300 mètres du Dolmen de la Combe, d'après la carte au 80.000ᵉ.

(1) Jehan Fléchier, charpentier, à Cognac.

(2) Le *Dolmen de Saint-Martin de Cognac* est le même que celui de La Combe-aux-Dames (commune de Châteaubernard), et situé à 1300ᵐ de la dite Porte Saint-Martin. — Il n'est pas question dans ce texte du Dolmen de Séchebec.

major, revisée en 1893, et également l'édition spéciale au service des mines (Carte géologique) [N° 162, Angoulême].

ETUDE PERSONNELLE. — Ce dolmen était donc très peu connu, même à Cognac, où nous avons trouvé des personnes, à qui nous nous sommes adressé pendant nos recherches, qui ignoraient absolument la signification de ces blocs de pierres. Comme personnes nous pourrions en citer qui font de la photographie, et qui nous ont soutenu que ces grandes pierres plates, dans le champ de Séchebec, n'étaient nullement un Dolmen : l'ensemble, d'après elles, n'ayant aucune ressemblance (1) avec les dolmens de Saint-Brice et de Saint-Fort Né, qu'elles nous citaient comme exemples ! — Il nous fut impossible de nous procurer dans le commerce des cartes illustrées ou des vues photographiques des Dolmens des environs de Cognac.

Aussi, n'ayant pas d'appareil sous la main, nous fûmes obligé de recourir aux bons offices d'un photographe pour notre expédition. Celui-ci, M. Barrier, rue Saint-Martin, à Cognac, s'acquitta si bien de sa mission que nous lui achetâmes les quatre clichés.

Cependant le dolmen n'était pas inconnu de tout le monde à Cognac, puisque la Municipalité avait déjà donné le nom de « Rue du Dolmen » à une rue nouvelle du quartier : celle même qui conduit à la grande entrée du nouveau cimetière !

DÉCOUVERTE. — a) Doc. historique. — C'est par un pur hasard que le XXVIIIe volume des Archives historiques de la Saintonge et de l'Aunis nous a été remis.

En le parcourant, nous nous sommes attaché à lire les chapitres ayant trait à la famille noble des De La Madeleine (xve siècle). Cette partie de l'ouvrage nous intéressait d'autant plus qu'elle cite souvent le Chatel de La Brosse et les localités voisines, toutes également très connues de nous, étant né dans cette même commune, aujourd'hui La Brousse, canton de Mâtha (Charente-Inférieure).

C'est ainsi qu'en nous intéressant à un point d'histoire, toute locale, nous sommes arrivé à lire les passages de vieux textes, citant, comme confrontations, les Pierres Levades des environs immédiats de Cognac.

b) Sur le terrain. — Le texte en main, ainsi que la Carte au 80/000e (Fig. 1), nous avons recherché, seul, toute une matinée de décembre 1911, la « Grant Pierre Levade », dans tout le parc actuel et

(1) Cela tient à ce que les piliers du Dolmen de Cognac sont presque totalement sous terre, tandis qu'au contraire les Mégalithes de Saint-Brice et Saint-Fort sont construits au-dessus du sol.

aux environs, sans pouvoir la découvrir ! — Les person nes à qui nous nous sommes adressé ne connaissaient rien s'y rapportant.

Vu l'extension qu'a prise la ville et la création de villas avec parcs sur cette partie pittoresque des bords de la Charente, nous avions alors cru que ce mégalithe avait disparu depuis le xvᵉ siècle.

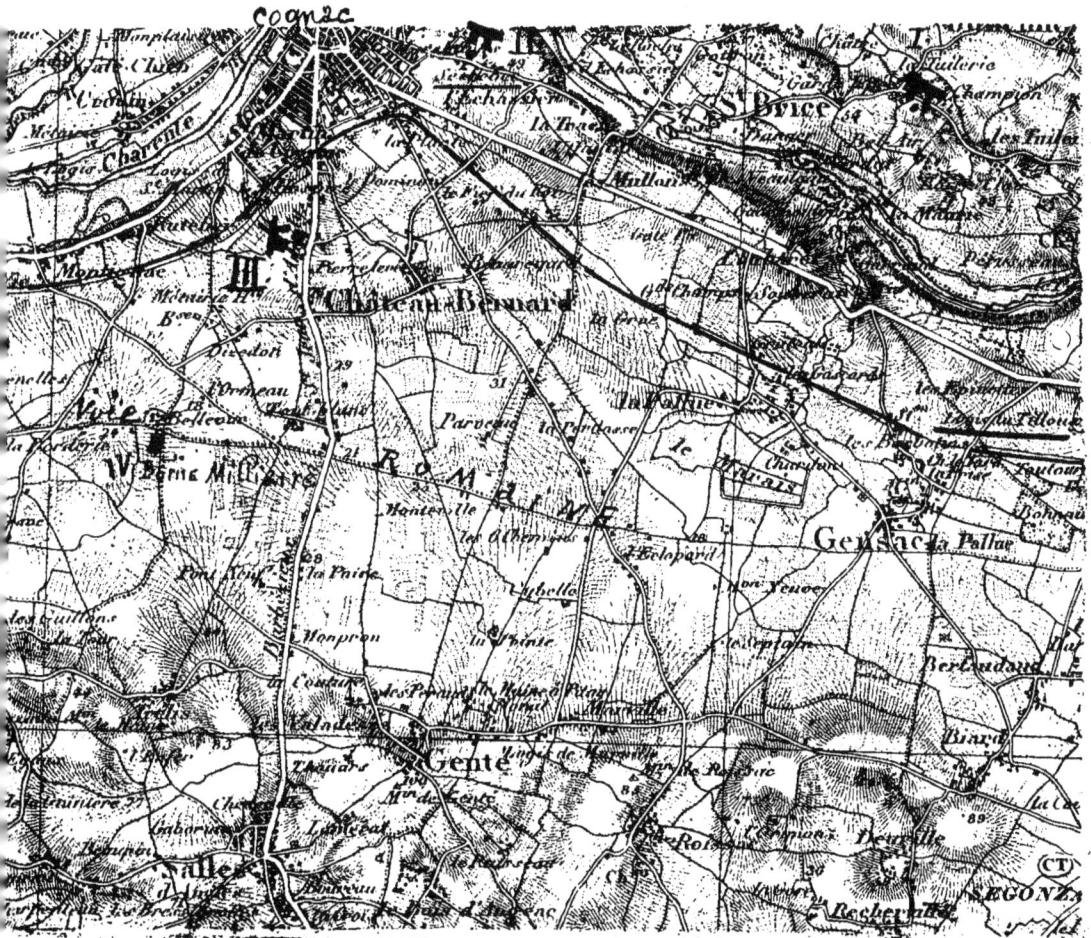

Fig. 1. — Carte des Environs de Cognac, extrait de la Carte d'Etat-major du Service de l'Armée. — Echelle: 1/80.000 — Légende : I, Dolmen de Saint-Brice. — II, Dolmen de Cognac. — III, Dolmen de Château-Bernard. — IV, Borne milliaire, près la VOIE ROMAINE.

Le 1ᵉʳ juillet 1912, descendant à la gare de Cognac et disposant de quelques heures, nous nous remîmes à la recherche du vieux monument; mais cette fois par le côté opposé au Parc de Cognac. — Dans moins d'une heure, après quelques informations, nous étions devant « La Grant Pierre Levade » !

DÉNOMINATION. — Ce Dolmen est désigné à Cognac sous le nom de « Pierre Levée [de Séchebec] », du nom de l'ancien hameau de Séchebec, qui aujourd'hui est un quartier neuf de Cognac (*Fig.* I ; II).

FOLKLORE et LÉGENDE. — Nous n'en connaissons pas.

SITUATION. — 1° *Indications topographiques.* — *a*) Longitude : 2° 38' 30". — *b*) Latitude : 45° 41' 40" (*Fig.* I ; II).

2° *Altitude.* — La cote 49 est indiquée sur les cartes près du

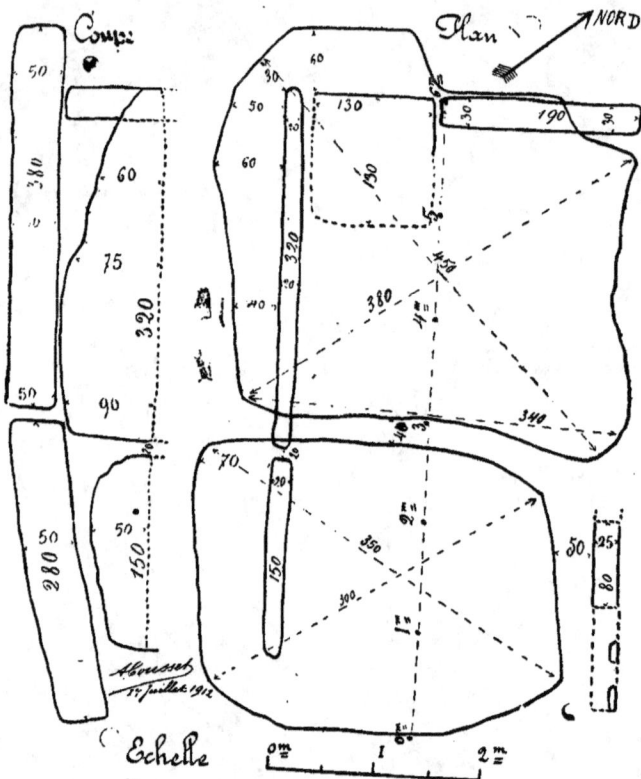

Fig. 2. — Plan du Dolmen de Cognac ou Pierre Levée de Séchebec. — *A droite* : Plan général à l'échelle de 13ᵐᵐ par mètre. — *A gauche* : Coupe (un côté seulement).

nouveau cimetière; le dolmen est assis un peu plus bas : peut être *un mètre* en dessous (*Fig.* I).

3° *Cadastre.* — Section... du cadastre de la Commune de Cognac ; *b*) feuille n°..., dite de M ; *c*) parcelle n°...; *d*) propriétaire : *Ville de Cognac.*

4° *Voies d'accès.* — *a*) Partant du *milieu de la ville*, de la place François Ier, prendre la rue d'Alger, située entre le Café du Grand

Chalet et la succursale du Comptoir national d'Escompte ; descendre cette rue jusqu'à la place d'Alger. Arrivé là, prendre à droite la rue de La République [c'est l'une des principales voies de la ville : elle est la troisième en comptant à main droite, en partant de la place François Ier]. Remonter la rue de La République, en laissant à main gauche la place des écoles ; à partir de cette dernière place compter dix rues, à main gauche : la dixième est la rue dite Rue du Dolmen. Le bureau d'octroi de Séchebec occupe la maison placée dans l'angle de gauche des deux rues. Continuer de suivre la rue de la République, en dépassant la dixième rue, en allant dans la direction du hameau de l'Echassier, et à 100 ou 150 mètres du bureau de l'octroi, à 15 mètres de la route, toujours à main gauche, on a le dolmen devant soi, dans un terrain inculte (*Fig.* 1).

b) Partant de la gare de Cognac-Etat. — Prendre à main droite le boulevard en sortant de la gare ; le suivre jusqu'à la route de Segonzac qui lui est perpendiculaire ; tourner à main gauche sur cette route en se dirigeant du côté de Cognac ; prendre à main droite la deuxième rue, laquelle traverse la route d'Angoulême. La rue que l'on suit ainsi est la rue dite Rue de Séchebec ; elle rejoint la rue de la République vis-à-vis de la troisième rue, comptant à main droite dans la rue de la République, avant d'arriver à la rue dite *Rue du Dolmen.*

Géologie. — La Carte géologique du service des mines (Carte n° 162, Angoulême) donne : C^{7}d, *Coniacien.*

Ensemble du Monument. — *a) Aspect général.* — C'est une Allée couverte, de forme allongée.

b) Constitution. — Aujourd'hui il se compose d'une grande table, cassée en deux, reposant sur des piliers apparents (*Fig.* 2) ; le sommet des piliers se trouve à peu près au niveau des terres (*Fig.* 3).

c) Orientation. — Le grand axe est Nord-ouest — Sud-est, avec *Entrée Sud-Est* [130° *magn.* Sud-Est].

d) Il y a des traces de *Tumulus,* surtout du côté Nord-est, dans le champ.

e) Pierres isolées. — Au moins deux : celles citées dans le texte sous la dénomination de Baulnes ; plus une troisième, qui peut s'y rapporter.

Architectonique. — *a)* Le fond Nord-ouest est formé de *deux piliers* ; celui de droite est debout ; l'autre est tombé à l'intérieur, sous la première partie de la dalle (*Fig.* 2). — *b)* La *paroi* Sud-ouest fait face à la route [Rue de la République] et est formée de deux piliers très longs (*Fig.* 2). La terre a été enlevée extérieurement : ce qui a mis les piliers à découvert sur une profondeur maximum de o^m90. — *c*) A l'*Entrée*, Sud-est, un seul pilier est apparent ; il est tombé extérieurement, et en partie engagé sous la dalle. — *d*) La paroi Nord-est est entièrement sous terre ; le sommet d'un pilier seul émerge (*Fig.* 4).

PÉTROGRAPHIE. — Tous les matériaux, piliers et dalles, semblent provenir du sommet du coteau, de la partie labourée par les anciennes grandes crues de la Charente. Les piliers en particulier paraissent être de même nature que les pierres extraites du cimetière et des carrières voisines.

Fig. 3. — Le Dolmen de Séchebec, à Cognac (Ch.). — D'après une Photographie. — Vue de la *Paroi Sud-Ouest*. — *Légende* : N, Nord *Magnétique* ; — S, Sud ; — C. O., Direction de Cognac ; — R, Route.

TRACES DE GRAVURES. — La surface des deux dalles offre de nombreuses cavités. Quelques-unes peuvent être intentionnelles ; mais il n'est pas possible de rien préciser à ce sujet, tellement cette surface a eu à subir les méfaits des enfants, qui se laissent glisser sur ces pierres, au plus grand dommage de l'intérêt archéologique qu'elles présentent.

FOUILLES. — Cette Allée couverte ne paraît pas avoir été fouillée à fond. Les deux fragments de la dalle de couverture (*Fig.* 3) ont légèrement glissé sur leurs piliers et ont ainsi avancé dans la direction Sud-ouest (vers la route) ; mais ils ne sont pas assez écartés actuellement pour avoir permis une fouille complète; ils sont. élevés de 0^{m}40 environ au-dessus des terres, qui garnissent l'intérieur du dolmen.

L'entrée du monument était sûrement au bout Sud-est; mais, n'ayant fait aucune fouille, nous ne pouvons situer l'Entrée *précise* avec certitude.

RELATIONS AVEC DES MENHIRS VOISINS. — *a*) « *La Baulne, qui est près et tenant la Grant Pierre Levade, le chemin entre deux* », existe toujours; mais elle est tombée ou plutôt elle a été déplacée lors de la construction du mur de la ferme, qui est en face. Elle a été transportée où elle est, à gauche du portail cintré de la dite ferme; elle est couchée sur un côté et sert de siège. Cette Pierre devait avoir un renom d'ancienneté, la rattachant à la Grant Pierre Levade; et

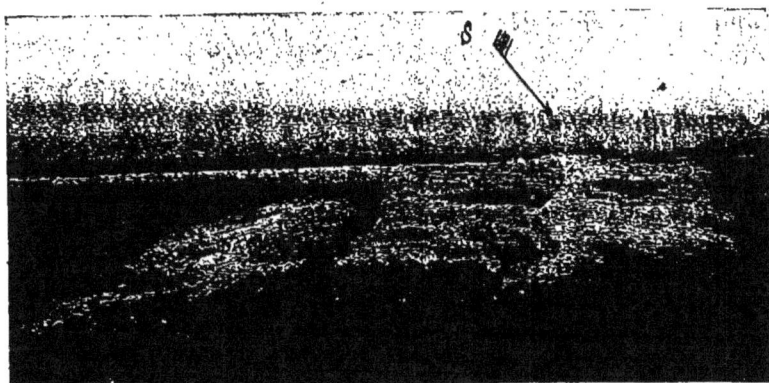

Fig. 4. — Le Dolmen de Séchebec, à Cognac (Ch.). — D'après une Photographie. — Vue de la *Paroi Nord-Est.* — *Légende* : S, Sud *Magnétique*; — E, Sortie de *Cognac*; — R, Route; — F, Ferme.

c'est par respect ou scrupule que l'on n'aura pas osé la détruire ou l'employer à la construction, et qu'on l'aura placée où elle est actuellement. Elle est de la même nature et du même aspect que les pierres du Mégalithe. Ses dimensions sont : Longueur, 1^{m}20; largeur, 0^{m}80; épaisseur, de 0^{m}35 à 0^{m}40.

Elle a dû être le menhir satellite de l'Entrée du dolmen : entrée qui, nous basant seulement sur ce menhir, devait être vers l'extrémité Sud de la paroi Sud-ouest.

b) « Et la dite baulne, tranchant et tirant droit jusques une aultre baulne, qui est assise sur le chemin que l'on va de Couignac à Gademoulins, etc... ».

Cette autre borne semble exister encore (1); mais elle a été taillée.

(1) Nous disons «semble exister encore», car ce n'est pas certain, rien ne confirmant cette hypothèse. — C'est seulement en nous basant sur ce texte que nous plaçons là la seconde « Baulne ».

Elle est de forme hexagonale et à peu près au lieu même où la place le texte du xve siècle, à l'angle de la route de Gademoulin et du chemin ancien se dirigeant vers La Maladrerie (vers la Gare). Elle ne porte aucune indication. Au pied est planté le poteau indicateur de l'octroi de la ville.

Un menhir situé à cette place devait être sur le prolongement du grand axe du Dolmen de Séchebec et par conséquent pouvait servir d'indicateur.

c) Une troisième pierre nous a été signalée, pendant que nous levions le plan du monument. Elle est située de l'autre côté du cimetière, sur le sommet du coteau, au bas duquel coule la Charente. Cette pierre est connue pour être là de très ancien temps ; elle diffère tout à fait dans sa composition de celles de la région (échantillon). Sa surface la plus large est orientée à peu près dans la direction du dolmen. Toutefois nous ne la donnons pas comme indicatrice de ce monument ; et elle n'a peut être aucun rapport avec le mégalithe qui nous occupe.

Conclusions. — Ce dolmen est incontestablement le monument le plus ancien, dont peut s'énorgueillir l'antique et opulente cité de Cognac ! Il est situé dans un terrain vague, qui est morcelé pour la vente et destiné à être bâti. Qu'un propriétaire, ne connaissant pas sa valeur scientifique ou s'en désintéressant, l'achète ; et voilà un mégalithe de plus en grand danger de disparaître !

Cependant, il est placé dans une ville très riche, où l'on fait à grands frais des travaux d'embellissement : ville qui a su sauver, en l'achetant, un grand Parc (où croissent des chênes verts plusieurs fois séculaires) et en en faisant un domaine public. Cette même ville, qui compte un grand nombre de millionnaires, et je dirai même des plus grandes fortunes françaises, laissera-t-elle disparaître son plus antique joyau ?

Il faut espérer que non, soit qu'un citadin fortuné, soit qu'un élu de Cognac ou que le Conseil municipal lui-même rachète ce tombeau des premiers âges : souvenir devant lequel viennent s'incliner toutes nos luttes sociales, politiques et religieuses ! Il faut espérer que, l'entourant d'un square plein de verdure, un bienfaiteur le remettra à la ville, qui le conservera à la postérité.

*
* *

Aussitôt le Rapport ci-dessus rédigé et transmis à M. le Dr Marcel Baudouin, notre très actif Secrétaire général, celui-ci écrivit à M. le Maire de Cognac, pour le prier de vouloir bien faire acquérir de suite le Dolmen par la ville.

Le Maire, M. Pascal Combeau, qui connaissait de longue date le dolmen, répondit par retour du courrier, à la date du 31 juillet 1912, qu'il allait immédiatement faire des démarches auprès des propriétaires du terrain, MM. Tribot et Audouin.

Et, peu de jours après, M. le Maire de Cognac nous apprenait que, d'un commun accord et d'un geste généreux, MM. Tribot et Audouin donnaient, à leur ville, l'un le monument, l'autre le terrain d'accès; et que la Municipalité allait faire le nécessaire pour en assurer la conservation, en transformant ce terrain vague en petit parc public.

M. Marcel BAUDOUIN. — Avant de faire visiter au *Congrès préhistorique de France* ce monument, qui m'avait été signalé par notre collègue M. A. Cousset, et qui n'était pas dans le programme publié, j'ai tenu à l'étudier moi-même et à accomplir dans ce but le voyage de Cognac. Ma conviction faite, j'ai agi de suite auprès de M. le Maire de Cognac; et je suis ravi d'avoir trouvé, en M. Combeau, un administrateur aussi averti et aussi vigilant, puisqu'aujourd'hui le programme que je souhaitais se réalise et est en partie exécuté.

En tout cas, ce qui était *urgent* est obtenu !

Il reste à *restaurer* ce monument (ce qui sera facile et peu coûteux, dès qu'on le voudra) qui le mérite, en raison de sa situation au milieu d'une ville superbe et riche, qui peut soigner, comme il convient, ses trésors archéologiques.

Lorsqu'on exécutera la dite restauration (remise en place de la table, dégagement intérieur, etc.), il faudra avoir soin de CRIBLER *tous les déblais*, car, si le Dolmen a été *dévalisé* et *fouillé* jadis, il reste certainement des *vestiges préhistoriques* dans les détritus du galgal. Or, il n'est pas indifférent de les laisser s'égarer, si l'on veut être fixé sur la nature réelle de la sépulture.

Quand la ville de Cognac sera décidée, un Préhistorien compétent devra être désigné pour surveiller la restauration et la fouille, qui sera faite en même temps.

Ce monument, ouvert à 130° environ au Sud-est, doit être daté de 4.000 avant Jésus-Christ environ, puisqu'il a été érigé à une Equinoxe [90°] et que 130° — 90° = 40° = 15° (D. M.) + 23°30' [Déviation méridienne maximum]. — D'ailleurs, la plupart des Dolmens de cette région sont de la même époque.

Le Dolmen de Château-Bernard ou Pierre Levée de La Combe-aux-Dames (Commune de Château-Bernard, Charente). — Historique et Description.

PAR

A. COUSSET (Etaules, Charente-Inférieure).

HISTORIQUE. — 1900. — Gustave Chauvet [*Statistique et bibliographie des sépultures pré-romaines du département de la Charente ; p. 35*] a écrit : Commune de Saint-Martin-Château-Bernard, lieu dit La Combe : débris d'un Dolmen, situé à La Combe. Table de 4 mètres sur 3ᵐ25. » — L'auteur le classe dans son chapitre III (Sépultures indéterminées). — Bibliographie donnée par M. G. Chauvet : Bourignon, *Antiquités de Saintes*, p. 308. — *Mém. Soc. Antiq. de France*, t. VII, 1826, p. 28. — Marvaud, *Répertoire*, p. 92. — *Bull. Soc. Arch. Charente*, 1863, p. 300. — T. de Rochebrune, *Distribution*, p. 19 [*Bulletin Archéologique*, p. 520]. — Paris, Imprimerie Nationale, 1899. G. Chauvet.

1909. — Paul Joanne [*Géographie de la Charente*, page 53] dit : « *Dolmen de La Combe* ».

1880. — *Le Bulletin des Archives historiques de la Saintonge et de l'Aunis* [Tome II, page 156] donne la liste des dolmens et allées couvertes de la Gaule, dressée d'après des documents recueillis par la Commission de Topographie des Gaules (Communication de M. Lièvre). — Il indique, à Saint-Martin-de-Cognac, un DOLMEN (1).

SITUATION. — *a*) Lieu dit : Pierre Levée. *b*) Section E du Cadastre de la commune de Château-Bernard. *c*) Feuille unique, dite du Bourg. *d*) Parcelle n° 688, contenance 3 ares 40. *e*) Nom du propriétaire : M. Jules Pinard, tonnelier, rue du Serpent, à Cognac (*Fig.* 1).

Indications topographiques. — *a*) Longitude : 2° 40' 0". *b*) Latitude : 45° 40' 35".

---

(1) Ce Dolmen est le même que celui de La Combe-aux-Dames [Voir les documents relatifs au Dolmen de Séchebec : Archives de la famille de La Madeleine].

Altitude. — La cote de 26 mètres figure sur les cartes près du hameau même de Pierre Levée.

Voies d'accès. — La plus courte et la plus claire à indiquer est celle partant de la gare de Cognac-Etat (*Fig.* 1).

En sortant de la gare, passer devant le bureau d'octroi et prendre aussitôt à main gauche le boulevard, que l'on suit jusqu'à l'unique

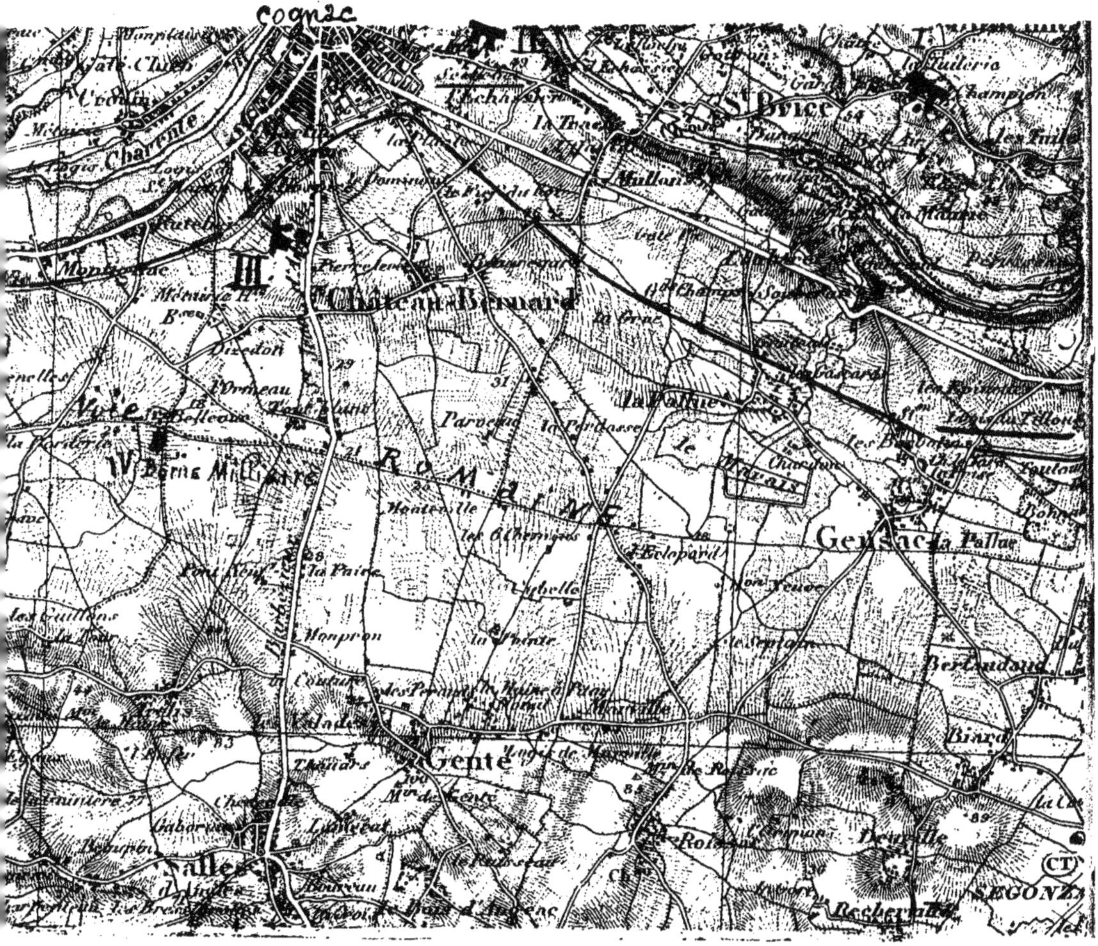

Fig. 1. — Situation topographique du Dolmen, d'après la Carte au 1/80.000
[Environs de Cognac].

voie que l'on trouve et qui est la route de Cognac à Salles-d'Angles et à Saint-Fort-sur-le-Né.

Tourner à main gauche sur cette route, en laissant la ville de Cognac derrière soi, traverser au passage à niveau la voie ferrée de Cognac à Beillant. On passe ensuite devant la ferme dénommée à la carte « l'Hospice », qu'on laisse à main gauche; on monte un petit coteau, toujours en suivant la même route ; et l'on arrive au hameau, de formation toute récente, lequel a pris le nom du lieu : La Pierre Levée.

A 400 mètres de l'Hospice, à main droite de la route de Salles, et au milieu du hameau de Pierre Levée, prendre le chemin vicinal, que l'on suit 100 mètres à peine ; et l'on a les ruines du dolmen à main droite, en bordure du chemin.

Ce lieu se trouve à 1500 mètres de la gare de Cognac-Etat ; à vol d'oiseau, et par l'itinéraire détaillé ci-dessus, il n'y a guère plus (*Fig.* 1).

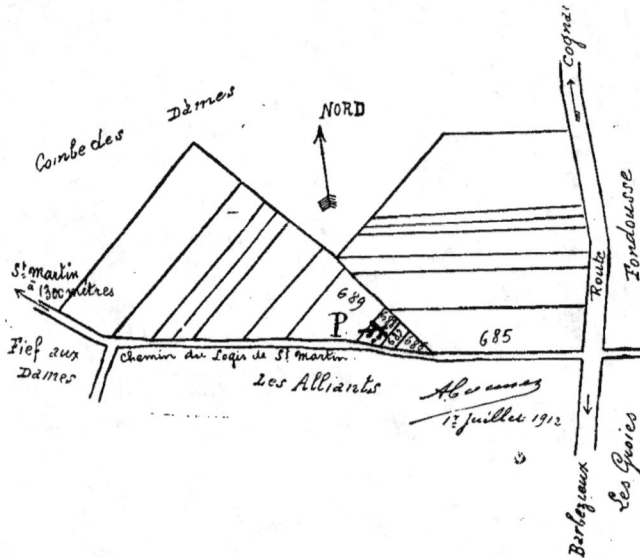

Fig. 2. — Situation cadastrale du Dolmen de Château Bernard ou Pierre levée de La Combe-aux-Dames (Charente). — *Echelle :* 1/5.000. — P, Dolmen.

GÉOLOGIE. — La Carte du service géologique [feuille n° 162, Angoulême] donne comme indication : C7 b, *Santonien*.

ENSEMBLE DU MONUMENT. — *a*) *Constitution*. — De nos jours, il ne reste que deux pierres : une table et un pilier. *b*) *Aspect général* : ne peut être défini, vu le peu qui reste de l'ensemble primitif. *c*) *Orientation* : le grand axe a dû être suivant la ligne Nord-ouest-Sud-est, d'après les renseignements recueillis sur place.

d) Les terres sont nivelées aux alentours et il n'existe aucune trace de tumulus. A en juger par l'unique pilier qui reste, ce dolmen devait être sous terre ; la partie supérieure des piliers affleurant le niveau du sol. *e*) Nous n'avons remarqué aux environs de ce monument aucune pierre isolée, aucun reste de menhir (*Fig.* 2).

ARCHITECTONIQUE. — Voir le plan (*Fig.* 3) et voir la photogravure (*Fig.* 4).

Pilier. — Le seul pilier restant (il paraît profondément implanté en terre) est orienté le long de la ligne Nord-ouest-Sud-est, qui est son côté intérieur par rapport à l'ancien monument. La longueur de cette face du pilier est de 3 mètres.

Table. — D'après les dires que nous avons recueillis d'un vieillard, la table a été déplacée autrefois ; et il en a été le témoin. L'auteur de ce travail y est parvenu, m'a-t-il dit, en se servant de grosses pièces de bois rondes, placées au-dessous et faisant ainsi l'office de roulaux. Avant ce déplacement, cette table était accolée au pilier ; dans cette position, elle était encore dirigée suivant la ligne Nord-ouest-Sud-est ; et, comme elle est assez grande pour constituer à

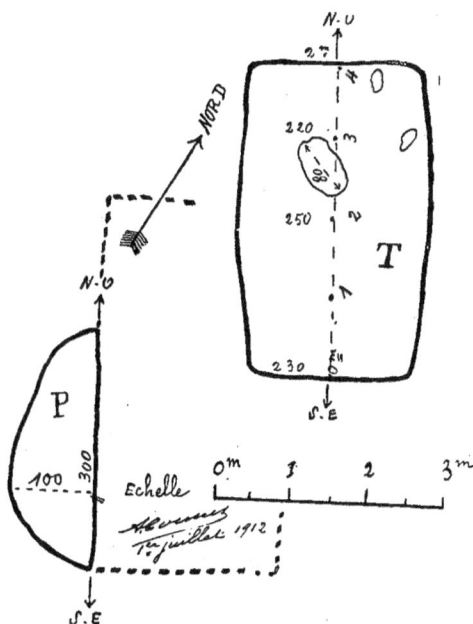

Fig. 3. — Plan du Dolmen [Ruiné] dit : Pierre levée de La Combe-aux-Dames, commune de Château-Bernard, près Cognac (Charente). — *Légende* : T. Table ; — P, Pilier. — *Echelle* : 1/100.

elle seule la couverture d'un dolmen, celui-ci aurait pu avoir la même orientation que la table, c'est-à-dire un grand axe suivant le Nord-ouest-Sud-est, comme cela existe pour la Pierre Levée de Séchebec, qui est toute proche (*Fig.* 3).

PÉTROGRAPHIE. — La nature des pierres paraît être la même que celle des tables du Dolmen de Cognac, auxquelles nous attribuons l'origine locale des sommets dénudés dominant le lit de la Charente.

TRACES DE SCULPTURES. — Il y a de nombreuses cavités, en forme de bassins, sur la table de ce dolmen (*Fig.* 2) ; mais, là également, la défectueuse habitude qu'ont les enfants et les visiteurs de marcher sur la table les ont tellement mutilées qu'il est impossible de distinguer si ces inégalités sont dues à la main de l'homme ou à des causes géologiques.

EVOLUTION DU MÉGALITHE. — *a*) Il y a évidemment eu une destruction antérieure à notre époque, puisque ce dolmen est réduit à deux pierres. *b*) Le mode d'attaque et l'époque de la dispersion des matériaux nous sont inconnus, mais doivent remonter à une date très reculée. — Le vieillard, dont nous parlons plus haut, a

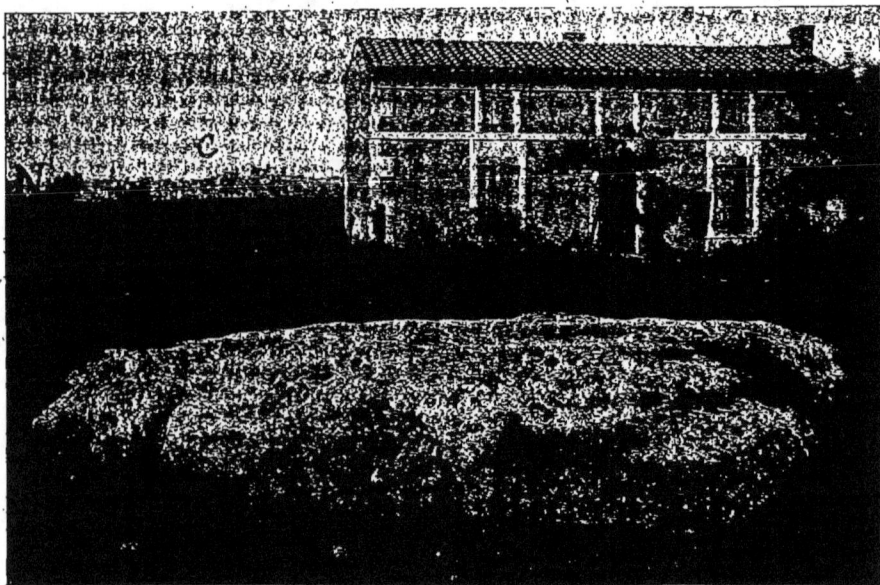

Fig. 4. — Pierre Levée de La Combe-aux-Dames [La Table], Commune de Château-Bernard' près Cognac [Charente]. — *Légende :* N, direction du Nord magnétique ; — GB, grand bassin (80 × 30 × 35) ; — P, direction du pilier ; — C, Partie de la ville de Cognac. [Photogr. A. Cousset, 1er juillet 1912].

autrefois vu trois pierres. La 3e était un autre pilier ; à cette époque, le chemin vicinal en bordure duquel sont situées ces ruines, était, m'a-t-il dit, entouré par de hauts talus, plantés de haies, et le lieu n'était pas encore bâti. De nos jours l'unique pilier se trouve plutôt dans la route et les roues des voitures viennent journellement endommager sa face extérieure (*Fig.* 2).

FOUILLES ANCIENNES. — Le déplacement de la table, dont il est question plus haut, a certainement eu pour but la fouille de cette sépulture ; il ne nous a pas été possible de connaître le résultat des recherches qui y ont eu lieu ; mais elles n'ont dû être ni complètes, ni scientifiques. « Les pierres ne sont pas du pays et la terre qui est dessous ressemble à du terreau tellement elle est noire », a ajouté mon interlocuteur. — Il est probable que la légende « du Trésor caché » devait surtout guider et servir d'appâts aux fouilleurs dans leurs recherches.

CONCLUSIONS. — Les restes de ce dolmen ruiné devraient être sauvés de toute destruction. Nous renouvelons pour celui-ci les vœux exprimés à propos de celui de Séchebec et d'autant plus volontiers que la commune de Château-Bernard, comme celle de Cognac, est riche et bien située, et que sa « Pierre Levée » est, sans contestation, son plus antique monument.

Les Dolmens de Soubise ou Pierres Levées de La Sausaie, Commune de Soubise (Charente-Inférieure). — Historique et Description.

PAR

A. COUSSET (Etaules, Charente-Inférieure).

HISTORIQUE. — M. Georges Musset [*La Charente-Inférieure avant l'Histoire et dans la Légende*, La Rochelle, 1885, page 97] a donné le résumé suivant des auteurs ayant écrit sur les Dolmens de La Sausaie.

« MM. Maufras et de Lestrange ont visité les dolmens de La Sausaie
« en 1882, et en ont donné une description à l'Association française,
« séance du 25 août 1882. M. Maufras, qui en a publié une description,
« ne nous en voudra pas de rappeler que ces monuments avaient déjà
« été souvent visités et décrits : d'abord par M. Leterme, l'intelligent
« Sous-Préfet de Marennes ; puis par Lesson et Massiou ; et, malgré
« l'infériorité dans laquelle se trouvaient ces divers explorateurs par
« suite du manque de base des études préhistoriques dans la première
« moitié de notre siècle, la description consciencieuse, qu'ils en ont
« laissée, mérite d'autant plus d'être examinée que les Dolmens étaient
« alors en meilleur état de conservation que de nos jours. Aussi n'est-il
« pas juste de dire « que le résultat des fouilles est passé inaperçu et n'a
« laissé aucun souvenir » [Cf. *Fastes*, Tome I. page 106 ; et Massiou,
« Tome I, p. 75]. — MM. Maufras et de Lestrange ne signalent que
« deux dolmens.
« A l'époque où M. Le Terme les étudiait, il y en avait trois ; les
« dimensions varient un peu, suivant les auteurs ; voici telles que nous
« les trouvons chez eux [Lesson a copié les dimensions de Le Terme].

GRAND DOLMEN.

	Le Terme.	Maufras.
Première Table : Longueur............	5m00	5m30
Largeur	2m00	2m00
Epaisseur............	1m85	0m84
Deuxième Table : Longueur............	4m00	3m75
Largeur.............	2m10 = 1m65	2m85
Epaisseur,..........	1m20	0m60

Petit Dolmen.

Table :		Le Terme.	Maufras.
	Longueur............	3^m90	3^m70
	Largeur.............	2^m60	2^m40
	Epaisseur...........	0^m75	0^m84

« M. Le Terme ajoute que chacune des tables, « terminées en pointe »,
« était supportée originairement par trois supports, placés aux angles.
« M. Lesson, lui, parle de quatre supports, entiers ou renversés;
« ceux du second dolmen étaient encore en place et mesuraient 2^m30
« de hauteur, 1^m40 de largeur, et de 0^m40 à 0^m50 d'épaisseur; il ajoute
« que ce dernier dolmen était entouré (1) de décombres et de terres
« excavées (1) » : ce qui a vraisemblablement donné à M. Maufras l'idée
d'un Dolmen sous tumulus.

« Il est des points sur lesquels les explorateurs diffèrent. M. Maufras
« nous dit que, dans la partie Est, une dalle (2), qui clôt le dolmen en
« dessous, porte une ouverture ovale, assez grande, qui paraît commu-
« niquer avec une sorte de souterrain et aussi que l'un des piliers porte
« une vaste échancrure (3) ». M. Lesson dit positivement : « Une
« immense pierre plate (2) formait le fond de l'excavation ou grotte..... ;
« les parois latérales comme celles de l'arrière sont exactement
« fermées ». — Ces ouvertures dont parle M. Maufras auraient-elles été
« pratiquées depuis par le temps ou par les hommes ?

« M. Lesson signale enfin un autre dolmen, à 300 mètres des précé-
« dents, sur le bord de la route de Saint-Agnan à Moëze, et complète-
« ment renversé. « Il occupait, nous dit-il, une excavation profonde
« (serait-ce encore un dolmen couvert ?) et se composait d'un grand
« nombre de pierres, massives et celluleuses. La table est dans de
« grandes dimensions ».

« Quant aux souterrains, M. Le Terme nous les signale comme il
« suit : « Ces deux pierres levées [les deux premières] communiquaient
« de l'une à l'autre et en outre dans la campagne par des souterrains,
« assez mal construits, de 1 mètre à 1^m65 de largeur, dont la voûte
« affluant la surface du sol, était formée de pierres brutes, assemblées
« seulement d'après les angles, sans que le marteau ni le fer n'en
« aient approché, et qui se prolongeaient, dit-on, assez avant dans
« diverses directions ». Et, en note : « Les souterrains, connus des
« paysans des environs, échappaient cependant généralement à l'atten-
« tion, à raison des bois qui les cachent. C'est en y tombant par suite
« de l'écroulement de la voûte sous le poids du cheval que nous en
« eûmes connaissance, en 1819, et par la coupe du bois, l'année suivante,

(1) Ces « décombres et terres excavées » sont indiscutablement les restes du
tumulus [Petit Dolmen].
(2) Cette dalle forme le pavage de la chambre; il y a deux dalles; la cassure
citée plus haut a été produite par la chute de la table. — Il n'y a pas de souterrain au-dessous de cette pierre !
(3) Cette échancrure était l'entrée du dolmen ; elle est en forme d'ogive et
d'un travail très soigné.

« que nous pûmes suivre la direction des souterrains spécialement vers
« le Nord-ouest (1) ».

Nous terminerons en rappelant que M. Maufras signale, à 3 ou 4
mètres du plus grand dolmen, « une rangée de 15 ou 16 petits menhirs,
« peu élevés, dont quelques-uns renversés et même brisés, mais qui
« nous ont paru constituer les restes d'un cromlech, dont le centre est
« occupé par le dolmen ».

« De plus, sur le parcours d'un des souterrains suivis par M. Maufras,
« se trouverait un petit tumulus, en partie détruit. Quelques fouilles,
« pratiquées par MM. Maufras et de Lestrange, ne leur ont donné
« qu'une dent humaine, quelques silex sans valeur, et, sur le souter-
« rain, des fragments de poterie noire et grossière.

[Cf. Lesson, *Fastes*, II, p. 106. — *Ere celtique*, p. 223. — Le Terme.
« *Règlement général et notice sur les marais de l'arrondissement de*
« *Marennes* [Rochefort, imprimerie Goulard, page 296. — Maufras.
« *Association française. Loc. cit.*].

« Le grand dolmen est dessiné dans les *Fastes* de Lesson [pl. 98,
« fig. 267] ».

M. Georges Musset, dans le même ouvrage (page 31), a ajouté :

« Beaugeay. — *Mégalithes*. — Trois dolmens sont signalés dans
« cette commune par la Commission de Topographie des Gaules. — Ce
« sont les dolmens de La Sausaie, qui figureront au nom de Soubise,
« commune où ils existent réellement ».

I. — Grand Dolmen.

Situation. — a) Lieu dit : Pierre Levée des bois de La Sausaie.
b) Section C du cadastre de la commune de Soubise. c) Feuille
unique, dite des Bois de la Sausaie. d) Parcelle n° 191. e) Plan
cadastral : voir *Fig.* 2. f) Propriétaire : M. Véchambre Henri, à
La Rigaudière, Saint-Hippolythe-de-Biard.

Indications topographiques. - a) Longitude : 3°, 19', 45". b) Latitude, 45°, 53', 45 (*Fig.* 1).

Altitude. — Environ 12 mètres.

Voies d'accès. — a) Partant de la gare la plus proche : gare de
Saint-Agnant (*Fig.* 1).

En descendant à la gare de Saint-Agnant, prendre à gauche et

---

(1) Nous n'avons pas vu les Souterrains dont parle M. Le Terme; peut-être
est-ce à cause de l'épaisseur des fourés, où il est très difficile de se diriger
actuellement (1912). — Nous avons bien vu des pierres sortant du sol entre les
deux dolmens, comme dans leur périmètre; mais nous ne pouvons pas affirmer
si c'est la Nature ou les Hommes qui les y ont mis. — Sans vouloir douter de
M. Le Terme, sa bonne foi a pu être surprise par la légende des *Souterrains,
communiquant avec des villages voisins,* qui vient se greffer partout où l'on
découvre des vestiges anciens !

rejoindre la route départementale n° 1. Prendre cette route à main gauche, passer sur les deux ponts jumeaux : celui du chemin de fer et celui du canal de la Brédoire ; arriver ainsi au hameau Le Pont. Laisser à main droite la route départementale n° 1, qui va à Rochefort par Martrou, et prendre à gauche le chemin de grande communication n° 98, lequel conduit par les bois à Soubise et Moëze.

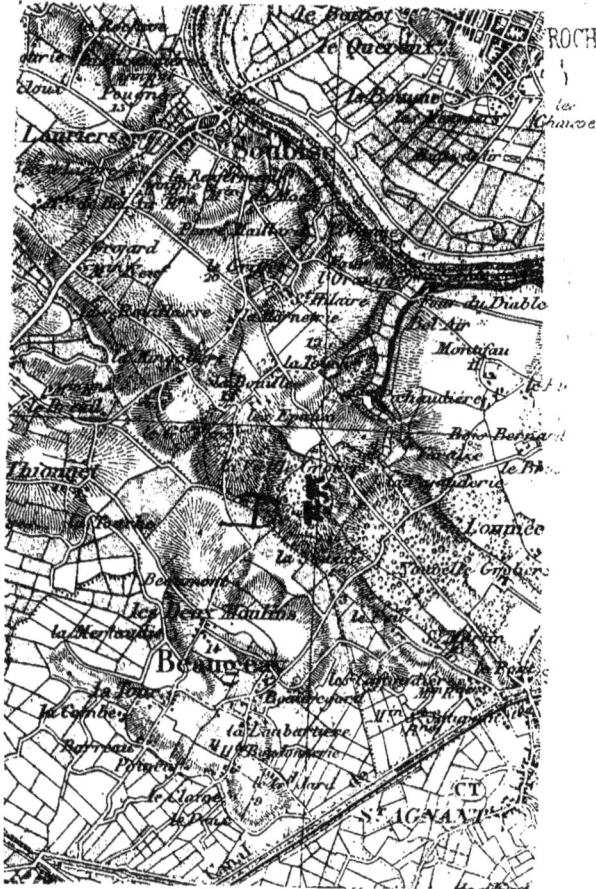

Fig. 1. — Situation topographique des Dolmens de La Sausaie, à Soubise (Ch.-Inf.). — D'après la Carte au 1/80.000.

A cette bifurcation, la plaque indicatrice porte : Le Pont. Saint-Agnant, à 1.600 mètres ; et Soubise à 7 kilom. 600 (Fig. 1).

Suivre le chemin n° 98 jusqu'à la borne kilométrique n° 10, située à 500 mètres environ du croisement du chemin n° 98 avec le chemin de Beaugeay à Echillais. Arrivé à la borne kilométrique n° 10, on a sur la droite une petite vallée avec la ferme de la Vieille Grollière, au-dessus de laquelle on voit à l'horizon le pont transbordeur de Martrou. Du côté opposé, c'est-à-dire à main gauche, le bois est défriché et l'on voit une carrière dans la parcelle n° 205 (*Fig. 2*).

Les Dolmens se trouvent situés environ sur le prolongement d'une ligne qui passerait sur la borne 10 et la carrière. Ils sont très dissimulés et on les retrouve difficilement, dans ce bois qui est très épais et touffu. Pour y arriver, partir de la borne n° 10, laisser la

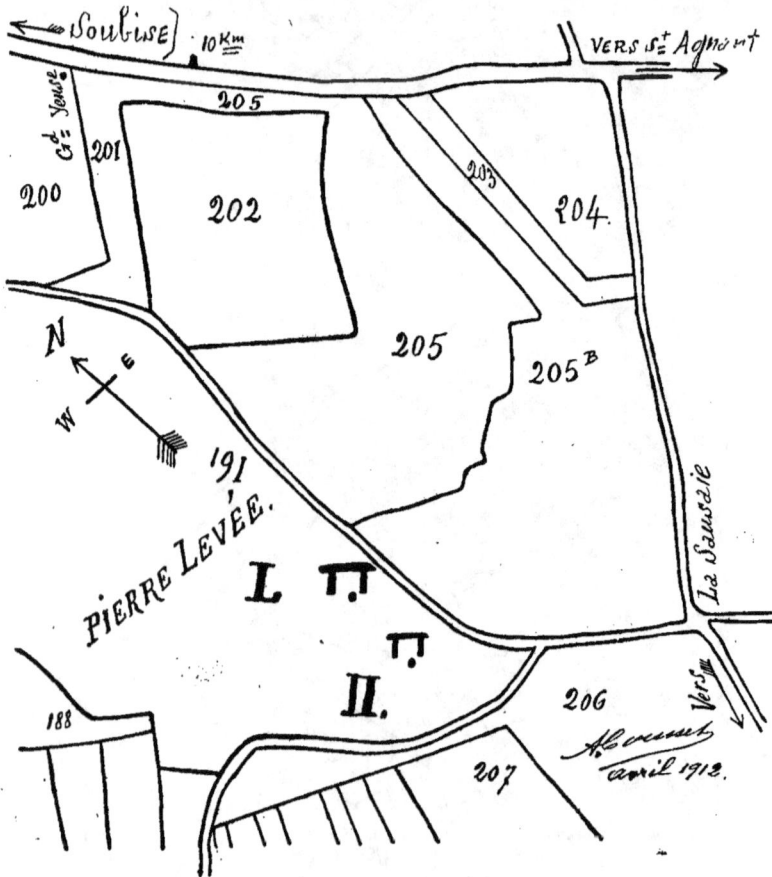

Fig. 2. — SITUATION CADASTRALE des Dolmens ou Pierres levées de La Sausaie. — Grand Petit Dolmen [Commune de Soubise, Charente-Inférieure]. — *Echelle* : 1/5.000.

route et prendre à gauche la lisière du bois, au pied d'une grande et large yeuse. On a alors à main droite le bois (parcelle n° 200) et à gauche un champ (parcelle n° 201). On parcourt ainsi environ 100 mètres dans le champ n° 201 et l'on arrive à un vieux chemin.

Suivre ce chemin, toujours dans la même direction (on a alors

un bois de chaque côté de soi : à main droite la parcelle n° 191 et
à gauche les n°s 202 et 205). Faire ainsi de 100 à 150 mètres et le
bois situé à main gauche cesse et fait place à un champ cultivé
(parcelle n° 205 bis). A 10 mètres de là environ, on trouve un petit
sentier, qui s'engage dans le bois situé à droite (parcelle n° 191,
dite de La Pierre Levée). Suivre ce sentier sur une longueur de 15
à 20 mètres et l'on a le Grand Dolmen devant soi (*Fig.* 2).

b) On peut s'y rendre également de Rochefort, soit par Soubise,
ou par Martrou ; ce dernier itinéraire est préférable, à cause du
passage de la Charente ; et c'est aussi le plus court.

c) Voir, pour plus de détails, la carte au 1/80.000 (*Fig.* 1).

GÉOLOGIE. — Cette région, située au sud de Rochefort, ferait partie du *Portlandien* (1).

ENSEMBLE DU MONUMENT. — *a*) Allée couverte de forme allongée.
b) Actuellement, ce monument est constitué : de trois grands
piliers, qui sont encore debout ; de deux tables : l'une est à moitié
tombée et l'autre repose complètement à terre ; de trois autres
piliers, tombés et engagés sous les deux tables ; ils paraissent tous
les trois brisés ; plus de deux pierres, très larges, formant le lit
de la chambre sépulcrale [K et H].

c) Le grand axe est orienté suivant la ligne S.-O.-N.-E.
d) Il n'y a pas de traces de tumulus autour de ce monument.
e) Quelques pierres isolées, signalées par des auteurs anciens
[Le Terme : voir plus haut] comme étant des restes de cromlech,
sont très peu apparentes. Il n'est pas possible en été de faire des
recherches au pied, ni de mesurer les distances qui les séparent
des supports du dolmen ; toutefois quelques-unes peuvent avoir
été placées là intentionnellement. — Nous les étudierons sous ce
rapport pendant l'hiver.

FOUILLES. — Les fouilles ne sont plus possibles et ont été faites
depuis longtemps, l'ensemble de ce monument étant tout à la surface du sol [Voir, en tête, la partie historique].

ARCHITECTONIQUE. — Voir le plan (*Fig.* 3) et la photogravure
(*Fig.* 4).

a) Le fond du dolmen est formé de deux piliers. Celui de gauche
[D] est tombé en dedans et cassé en deux [D et D'] ; les tronçons
sont engagés entre la grande table [G] et la dalle formant pavage H ;
le second pilier à droite du précédent est debout et intact [C].

b) La paroi Sud-est a dû être formée de trois piliers, dont deux

(1) Ph. Glangeaud. — *Le Portlandien du bassin de l'Aquitaine.* — Paris,
1898, pages 19 et 27.

sont encore debout. Le premier, B, se raccorde avec le précédent C, par un *ajustage*, qui a été recherché et même préparé ! — Le second est le pilier A ; c'est le plus intéressant. — La longueur est de 2ᵐ65 environ, autant qu'il nous a été possible de mesurer la partie engagée sous la table L, qui est tombée. —C'est dans ce pilier que la porte d'entrée a été taillée. Le côté (x, y, z ; *Fig.* 3) du pilier A était probablement déjà en biais. lors de l'emploi de cette

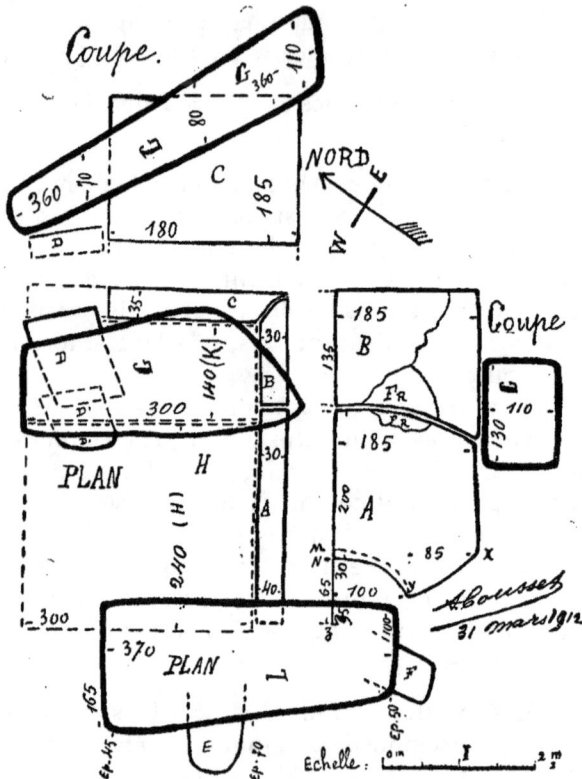

Fig. 3. — Plan du Grand Dolmen de Soubise ou Pierre Levée de La Sausaie. — *Echelle* : 1/100. — *Légende* : M, N, y. z, PORTE du Dolmen [Entrée] ; — A, B, C, D, D' E, F, Piliers; — G, L, Tables ; — K, H, Dallage.

pierre et c'est sur la partie (x, y) que venait s'appuyer le sommet du troisième pilier F, lequel était plus large au sommet qu'à la base (F ; *Fig.* 3).

c) La *Porte d'entrée* [N, y, z] a été taillée dans le pilier A. Sa forme est ogivale; sa hauteur de 1 mètre, pour 0ᵐ65 de largeur à la base. Cette base forme seuil et fait partie intégrante du pilier A, du point N à l'extrémité z, c'est-à-dire dans son entier. Nous n'avons pas cherché à vérifier la profondeur en terre (1); mais nous la sup-posons d'environ o^{m}15 comme aux autres piliers : ce qui donne-rait une hauteur totale de 2 mètres pour ce support, ainsi du reste que pour tous les autres (1,85 + 0,15 = 2^{m}oo). Cette ouverture va en s'élargissant dans le sens de la pénétration intérieure ; et l'écart qui en résulte (M, N) est d'environ de o^{m}15 ; les bords en sont par-faitement lisses, tandis que du côté extérieur le même travail a été pratiqué, en enlevant de gros éclats.

Ce passage, qui devait servir pour pénétrer à l'intérieur du monu-ment, est situé au Sud [180°] environ, par rapport à l'ensemble de l'ouvrage et correspond exactement au « Trou » des Dolmens de l'Oise !

Fig. 4. — Le Grand Dolmen de Soubise ou Pierre Levée de La Sausaie. — *Légende* : G, Table inclinée ; — L, Table tombée et cassée ; — B, Grand pilier, où la *Porte* (P) a été taillée [x, y]; — Fr., Fractures communes aux piliers A et B ; — N, Nord ; — D, Pilier tombé et cassé [Photographie A. Cousset].

d) Le pilier situé en cette partie de la paroi Sud-est (pilier F) manque; c'en est peut-être un fragment que l'on aperçoit (F) sous la table L. Une partie de l'ogive de la porte était taillée dans ce pilier (*Fig.* 4).

e) Tout le bout formé par la paroi Sud-ouest manque, à l'exception de l'extrémité d'un pilier E engagé sous la dalle L, et dont le reste est complètement masqué par les grandes dimensions de cette table.

(1) Pour toutes les hauteurs des supports que nous donnons à La Sausaie, nous avons pris les mesures au ras du sol; on doit ajouter de o^{m}15 à o^{m}20 pour avoir les hauteurs totales des piliers.

f) Tous les piliers qui formaient la paroi Nord-ouest sont tombés et disparus.

g) L'une des tables, ou Pierres levées, G, est en partie tombée. L'un des bouts est encore en place sur les supports A et B (La pointe de cette table est orientée sur la ferme de la Sausaie); un côté a glissé le long du pilier C, tandis que l'autre extrémité est tombée sur la dalle H, formant le pavage, qu'elle a brisée.

l) La deuxième table ou pierre levée, L, est tout à fait tombée et repose sur les piliers E et F, et certainement aussi sur d'autres, qu'elle aura brisés et recouverts dans sa chute.

g) L'aire de la chambre sépulcrale est formée de deux dalles, formant le parage intérieur; ces dalles (H et K) occupent tout l'espace renfermé entre les quatre côtés et ont une épaisseur de 35 à 40 centimètres.

Pétrographie. — Tous les matériaux proviennent de la région. Des pierres, de dimensions aussi importantes, se montrent à découvert partout. Nous pouvons citer entre autres lieux la route de Saint-Agnant à Soubise, où le rocher est à nu en bordure de la route et sur lequel le roulage ancien a laissé des traces profondes et étroites (comme les traces des Chemins, dits Gaulois). — Pour tous les matériaux de ces dolmens, le côté lit de carrière (1) est à l'intérieur.

Evolution du Mégalithe. — *a*) *Traces de Destruction primitive.* — Ce monument a évidemment reçu l'attaque des hommes, comme l'atteste la grande fracture (Fr), faite intentionnellement sur la partie contiguë des piliers A et B. Le coup a détaché un large éclat aux deux piliers et de plus a produit une grande lézarde dans le pilier B, laquelle rejoint le côté opposé sur le sommet (*Fig.* 3).

A part cela, le reste peut être le fait des ans et des intempéries.

b) *Mode d'attaque.* — Soit par l'effort humain, soit naturellement, à la suite de la rupture de quelque support, la table L a été entraînée vers le Sud-est, et dans sa chute elle s'est transportée de 1^{m}30 dans cette direction; le même mouvement a entraîné dans le même sens les piliers E et F qui se sont brisés.

Probablement, en même temps et par suite de l'ébranlement produit, la table G, perdant son équilibre, glissa du sommet du support C, et, entraînant le pilier D, alla tomber par un bout de tout son formidable poids sur le passage formé par la dalle G qu'elle brisa ainsi que le pilier D.

(1) Par cette expression nous ne voulons pas dire que ces pierres proviennent d'une carrière : *c'est tout le contraire que nous pensons.* — Nous voulons simplement dire le dessous primitif de la pierre.

Ce qui donne à supposer que la chute des deux dalles est de même époque et de même origine, c'est que le mouvement de déplacement de toutes les tables et supports tombés a eu sensiblement la même direction.

c) La date de cet écroulement doit être très ancienne et ne peut être déterminée. — Les premiers auteurs, qui ont parlé des dolmens de La Sausaie, les ont trouvés, à peu de différence près, dans l'état où nous le voyons en 1912.

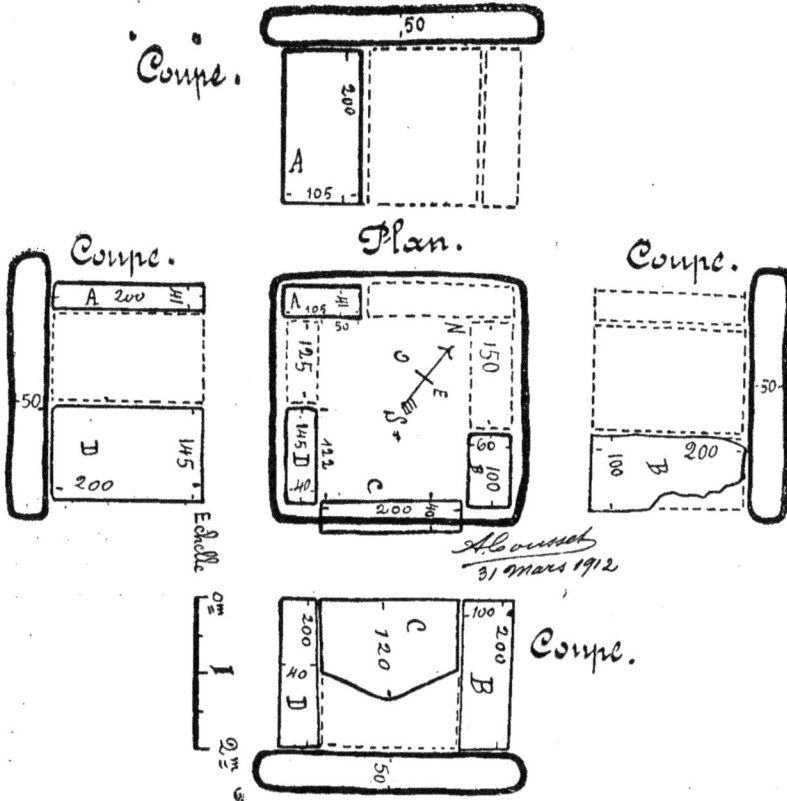

Fig. 5. — Petit Dolmen de Soubise, ou Pierre Levée de La Sausaie (Commune de Soubise Charente-Inférieure). — *Echelle* : 1/100.

II. — PETIT DOLMEN.

SITUATION. — *a*) Lieu dit : Pierre Levée de la Sausaie. *b*) Section C du cadastre de la commune de Soubise. *c*) Feuille unique, dite du Bois (de la Sausaie). *d*) Parcelle n° 191. *e*) Plan cadastral (Voir *Fig.* 2). *f*) Propriétaire, M. Véchambre Henri, à la Rigaudière, Saint-Hippolyte-de-Biard.

Indications topographiques. — Longitude : 3° 19' 41". — Latitude : 45° 53' 40".

Altitude. — Environ 12 mètres.

Voies d'accès. — Les mêmes que pour le Grand Dolmen. Arrivée devant celui-ci (le Grand Dolmen), le sentier que l'on suit tourne brusquement à main gauche, presque à angle droit ; en le suivant environ pendant deux cents mètres, on arrive au Petit dolmen, où le sentier finit.

ENSEMBLE DU MONUMENT. — *a*) Allée couverte de forme allongée. — Longueur 3 mètres ; largeur 2 mètres (*Fig.* 5).

b) Il ne reste actuellement que trois piliers entiers et debout, sur lesquels la table repose horizontalement ; un quatrième est également debout et en place ; mais le sommet en est cassé et a disparu (*Fig.* 6).

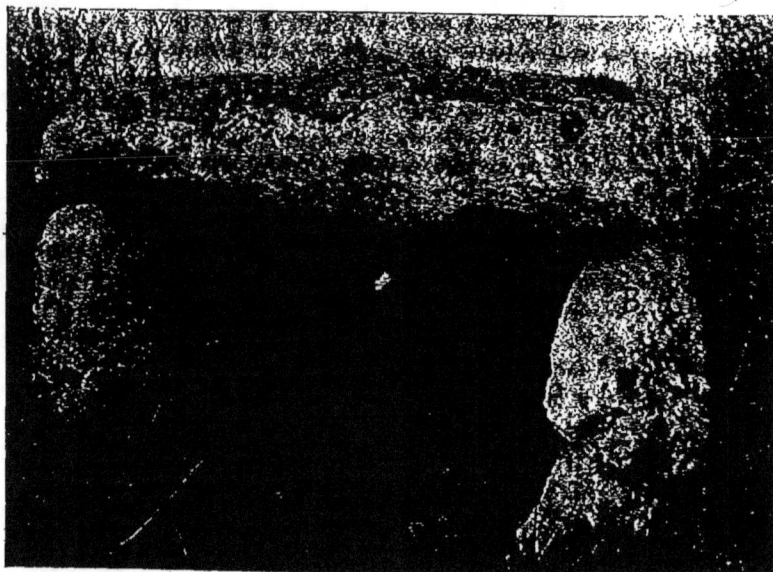

Fig. 6. — Petit Dolmen de Soubise ou Pierre Levée de La Sausaie. — *Légende* : N, Nord
S. Sud ; — A, B, D, Pilier en place et debout ; — C, Pilier debout et tronqué.

c) L'orientation du grand axe est suivant la ligne Nord-ouest-Sud-est.

d) Le tumulus qui recouvrait ce dolmen, est très apparent ; actuellement encore il est élevé de 1^{m}50 environ au-dessus du sol et cache le côté extérieur des supports.

e) Il existe, dans le bois, aux environs du dolmen, des pierres sortant du sol, comme au Grand Dolmen ; elles pourraient être des restes de cromlech (Le Terme) ; les mêmes causes que plus haut nous ont empêché de vérifier le fait (*Fig.* 6).

FOUILLES. — Le Petit, comme le Grand Dolmen, étant édifié

tout hors de terre, a attiré depuis longtemps l'attention et il ne reste plus rien à fouiller.

ARCHITECTONIQUE. — *a*) La paroi du fond est incomplète : un seul pilier reste ; nous le désignons par la lettre A. A droite de celui-ci, la place vacante, 2 mètres, est normale pour avoir été occupée par un second. *b*) La paroi Nord-est est également incomplète. Un espace de 2 mètres touchant le précédent est également vacant ; puis un pilier B, de un mètre de large, complète ce côté. *c*) La partie Sud-est est formée d'un seul support C, de 2 mètres de largeur ; c'est celui qui est cassé et dont le sommet manque. *d*) La paroi Sud-ouest est également incomplète ; le pilier qui reste, D, est légèrement penché en dedans. *e*) La couverture du monument (La Pierre Levée) est formée d'une seule pierre, qui repose bien horizontalement sur trois supports. *f*) Aucun indice n'est resté pouvant indiquer l'emplacement de l'Entrée.

PÉTROGRAPHIE. — La nature des pierres est la même que pour le grand dolmen et tous ces blocs doivent provenir des Bois de la Sausaie. Leur côté lit de carrière ou dessous est à l'intérieur du monument et la surface rugueuse en dehors.

Traces de Gravures. — Aucune trace de gravures.

EVOLUTION DU MÉGALITHE. — Il y a eu destruction primitive, attendu qu'il manque trois supports ; mais rien ne permet d'en fixer, ni l'époque, ni la cause. Les blocs manquants ont disparu.

Le pilier A a été dégarni de la terre qui le recouvrait extérieurement (terre du tumulus), laquelle a été rejetée en arrière ; de même, dans la direction de l'angle Nord de la chambre, le tumulus a été coupé par une tranchée, qui se prolonge une vingtaine de mètres au-delà. Ces travaux ont dû être faits lors de la fouille exécutée pour la recherche des prétendus souterrains, dont parle M. Le Terme.

III. — TROISIÈME DOLMEN (?).

Le troisième Dolmen, signalé par Lesson, à 300 mètres des premiers, sur le bord de la route de Moëze à Saint-Agnan, comme complètement renversé, n'a pu être retrouvé par nous.

Sa recherche ne peut être tentée avec quelque chance de succès que pendant l'hiver, ou mieux encore quand le bois taillis sera émondé : ce qui ne saurait tarder.

CONCLUSIONS. — Ces deux dolmens, bien que connus et décrits de longue date, ne figurent pas encore sur la liste des Monuments mégalithiques classés de la Charente-Inférieure ; et aucune indication au bord des routes ne les révèle aux touristes : deux lacunes qu'il importe de faire combler très prochainement !

Le Dolmen de Saint-Brice (Pierre Levée ou Dolmen de Garde-Epée ou Pierre-de-la-Vache), commune de Saint-Brice (Charente). — Historique et description.

A. COUSSET (Etaules, Charente-Inférieure).

HISTORIQUE. — Vers 1850. — F. Marvaud, dans sa *Géographie physique, politique, archéologique*, etc... *du Département de la Charente* (Angoulême, 3ᵉ édition, page 304), cite : « Le Dolmen de Saint-Brice, dont « la position, sur une colline agreste, semble lui conserver la couleur des temps barbares..... »

1880. — Le *Bulletin des Archives historiques de la Saintonge et de l'Aunis* (Tome II, p. 156), donnant la liste des dolmens et allées couvertes de la Gaule (d'après M. Lièvre, pour la Charente), mentionne : « Saint-Brice, un dolmen ».

1887. — Le *Bulletin des Archives historiques de la Saintonge* (Tome VII, page 225) fait la mention suivante : « Nous gravis- « sions une colline, où se trouvent les dolmens....... Le premier « dolmen se compose de deux énormes tables de grès élevées de « six pieds au-dessus du sol ; le second (1), placé tout au sommet « de la colline, consiste en une seule table, reposant sur un assem- « blage de blocs plus petits. Il n'a point, si l'on peut s'exprimer « ainsi, l'aspect du dolmen classique ; aussi quelques-uns d'entre « nous seraient disposés à le considérer comme un dolmen ina- « chevé, un dolmen en expectative ; mais d'autres remarquent que « les pierres du support ont été dispersées, avec le dessein évident « de le maintenir en équilibre ; et, à la presque unanimité, la « Vache (2) (c'est le nom qu'on lui donne dans le pays) est pro- « clamé monument mégalithique » (*Excursion dans les cantons de « Cognac et de Jarnac* ; par A. D.).

---

(1) Ce second n'est autre chose que le faux dolmen, qui se trouve dans le bois ; c'est un amas de grès, comme on en rencontre du reste dans toute la dune des sables tertiaires des environs.

(2) C'est une erreur. — Le nom de *La Vache* est donné, par les paysans, non au *faux-dolmen*, mais au *Dolmen véritable* : celui qui fait l'objet de la présente communication.

1900. — M. Gustave Chauvet [*Statistique et bibliographie de Sépultures pré-romaines du département de la Charente*, page 17], a écrit : « Dolmen de Saint-Brice ou de Garde Epée, formé de « deux pierres horizontales, juxtaposées, de 7 mètres de long, sur « 3^m90 de large, supportées par cinq piliers verticaux, hauts de « 2^m20. Celle-là longue de 4^m50 sur 3^m20 de large. Michon dit

Fig. 1. — Situation du Dolmen de Saint-Brice, d'après la Carte au 1/80.000 (Environs de Cognac).

« qu'on y a trouvé des ossements et des cendres. M. Warisse m'a « dit qu'on y a recueilli deux haches polies. » Classé dans le chapitre I (Sépultures par inhumation). — Bibliographie : Michon. *Statistique*, p. 144. — Marvaud. *Répertoire*, p. 90. — T. de Rochebrune. *Distribution*, p. 19. — *Mém. Soc. Antiq. Ouest*, 1865,

p. 161, pl. XVIII, fig. 5. — *Mém. Soc. Antiquaires de France*, t. VII, 1826, p. 29. — Gustave Chauvet. *Bulletin archéologique* 1899, p. 502.

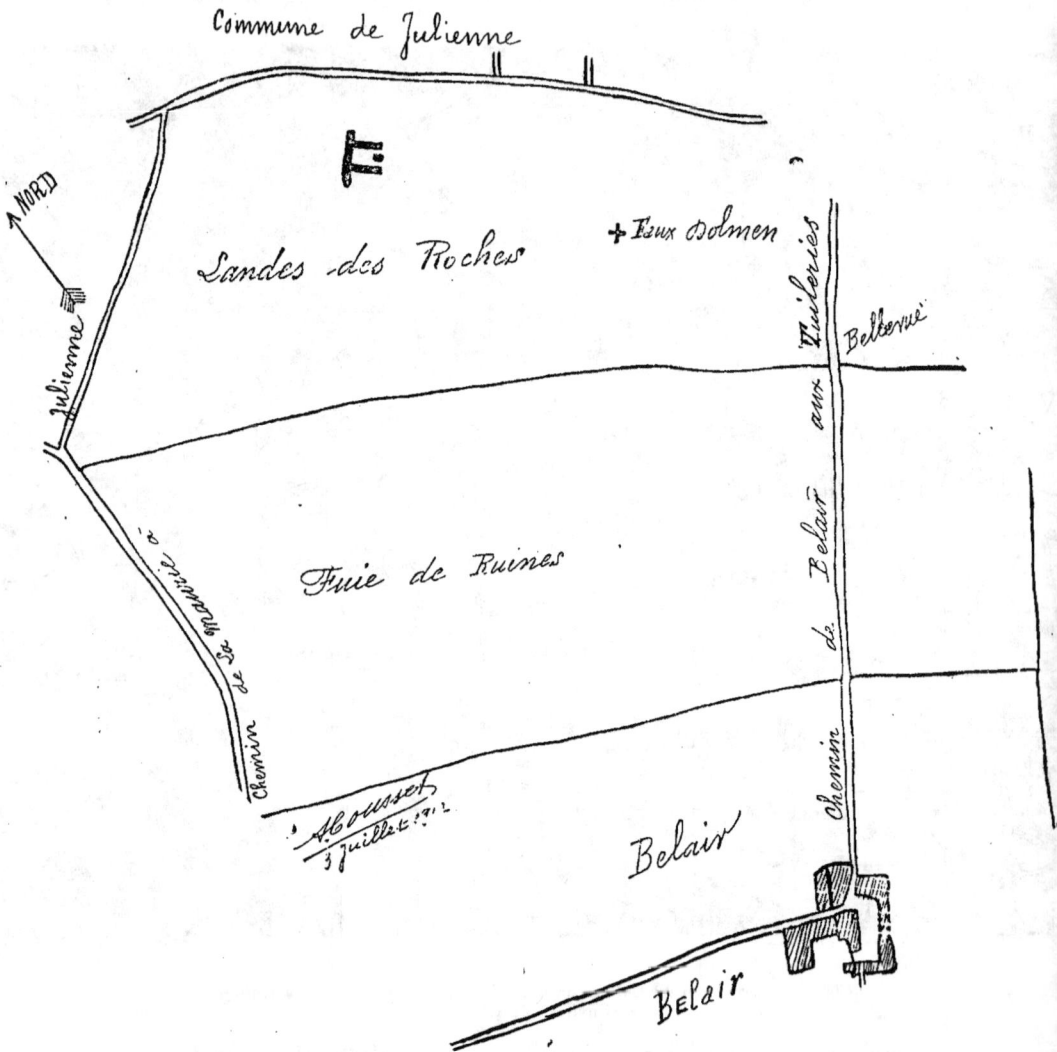

Fig. 2. — Situation cadastrale du Dolmen de Saint-Brice, dit encore Pierre-Levée de Garde-Epée, ou Pierre-de-La-Vache (Charente). — *Echelle*: 1/5.000.

1909. — Paul Joanne [*Géographie de la Charente* (édition 1909, pages 19 et 64], dit: « Dolmen de La Pierre-de-la-Vache ; et un autre dolmen »,

Situation cadastrale. — a) Lieu dit : *Landes des Roches. b*) Section B du Cadastre de la commune de Saint-Brice. *c*) Feuille 2ᵉ, dite de La Maurie. *d*) Plan (*Fig.* 2). *e*) Parcelle n° 1040. *f*) Propriétaire : M. Bocquillon Pierre-Favraud.

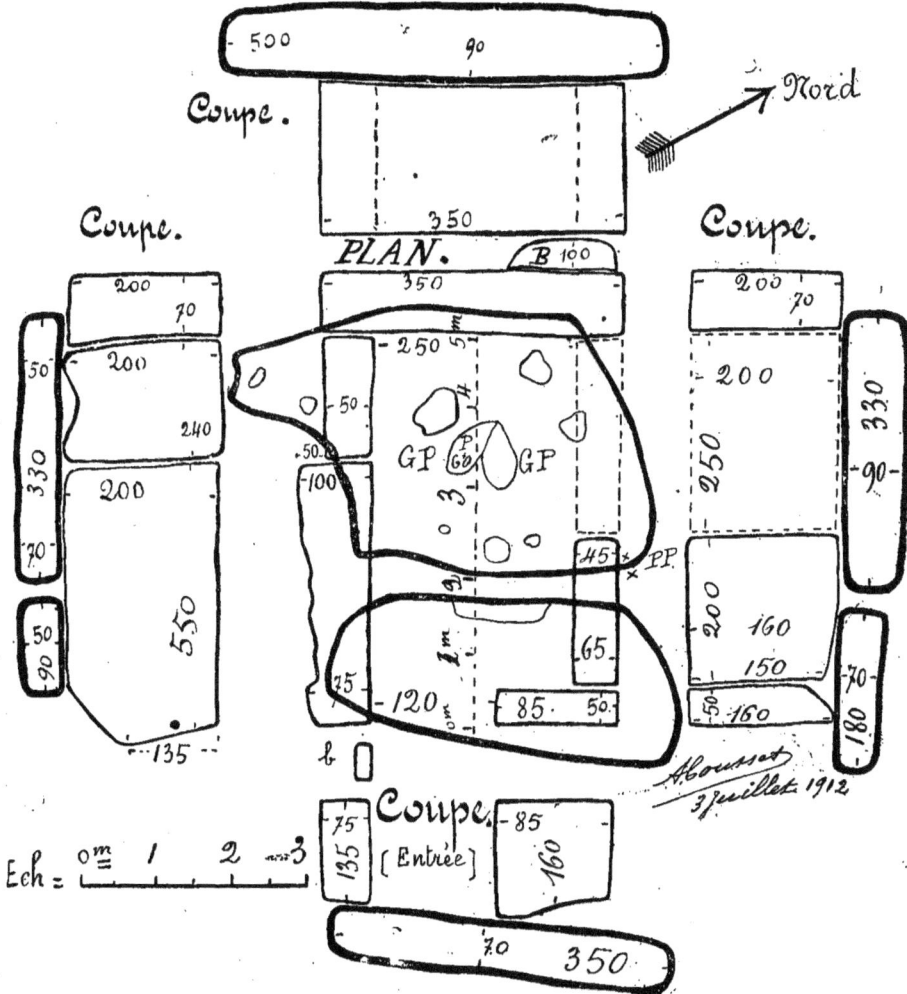

Fig. 3. — Plan du Dolmen de Saint-Brice, dit encore Pierre Levée de Garde-Epée, ou Dolmen de La Pierre-de-la-Vache [Commune de Saint-Brice, Charente]. — *Légende* : GP, Grand Pas « de Vache » : P, profondeur 0ᵐ60 [Traverse la dalle, côté gauche seulement du Sabot] [fausse Cupule] ; — PP, Petit pas « de Veau », sur le côté extérieur de la table [fausse Cupule] ; — B, Gros bloc isolé ; — b, petit bloc, isolé. — La hauteur des piliers est mesurée au ras du sol ; il faut ajouter aux chiffres ci-dessus environ 0ᵐ20, qui sont sous terre, pour avoir la hauteur totale. — *Echelle* : 1/100.

Indications topographiques. — Longitude : 2° 35' 35". *— Latitude* : 45° 41' 20".

Altitude. — A peu près la même que celle du château de Garde Epée, près duquel figure, à la Carte, la cote 54 (*Fig.* 1).

Voie d'accès. -- 1° *En partant de la gare la plus proche.* — Descendre à la gare de Cognac-Etat. Prendre à main droite le boulevard dit de la gare, le suivre jusqu'à la route de Segonzac et revenir vers l'intérieur de la ville de Cognac ; prendre la deuxième rue à droite, laquelle traverse la route d'Angoulême ; suivre cette rue jusqu'à celle de la République ; arrivé à celle-ci tourner à main droite et suivre la partie de la rue de la République qui se dirige vers le hameau de l'Echassier ; on passe ainsi devant le dolmen de Séchebec. De là, toujours dans la même direction, on rejoint le hameau de La Trache, où l'on traverse la Charente sur un pont.

Au sortir du pont, prendre à main droite la première route laquelle conduit au petit bourg de Saint-Brice. La route que l'on suit traverse la partie Nord de ce bourg, monte un petit coteau, laisse à main gauche le château de Garde Epée, à partir duquel la route descend le côté opposé de ce même coteau et s'engage dans un fond entre deux bois (*Fig.* 1). A la sortie de ces bois, on a le Dolmen à main droite et à 100 mètres environ de la route suivie. Il est très apparent, étant construit entièrement au-dessus du sol ; par dessus le dolmen, sur un autre coteau, on aperçoit le beau logis de Bel-Air. La route que l'on suit va à Julienne (*Fig.* 1).

2° *De l'Eglise de Saint-Brice.* — Prendre le vieux chemin passant devant la façade de l'église (Ouest), le suivre de 100 à 150 mètres et l'on rejoint, à la dernière maison, la route de Saint-Brice à Garde Epée, décrite ci-dessus.

GÉOLOGIE. — La carte du service géologique [feuille n° 162, Angoulême], donne comme indications : C^5, *cénomanien* ; Sables et grès sableux.

ENSEMBLE DU MONUMENT. — *a*) L'aspect général est celui d'une Allée couverte, de forme allongée ; la chambre a environ 5 mètres de long sur 2^m50 de large (*Fig.* 3).

b) Actuellement, ce mégalithe se compose de cinq piliers, supportant deux grandes tables. Il y a en plus deux blocs qui ne se rapportent pas directement au monument : l'un, B, est situé en arrière, contre le pilier de fond ; et l'autre (b) à l'entrée du monument (*Fig.* 4).

c) L'orientation du grand axe du monument est suivant la ligne Ouest-nord-ouest-Est-sud-est, c'est-à-dire 110° de la boussole (*Fig.* 3).

d) Situé dans un champ cultivé, il n'existe actuellement aucune trace de tumulus, autour des piliers ; et tout l'ensemble du dolmen est en dehors du sol, l'aire intérieure étant au niveau des terres (*Fig.* 4).

e) Aux environs, nous n'avons remarqué aucune pierre dont la situation en l'apparence pourrait rappeler, soit un reste de cromlech, ou un menhir.

Fouille. — Il a sûrement été fouillé et de date très ancienne.

Architectonique. — *a*) Le fond est formé d'un seul et même pilier ; il est consolidé extérieurement par un bloc de *calage* de 2 mètres de long sur 1 mètre de large, posé à plat, et dont nous ne connaissons pas la profondeur en terre (B) (*Fig.* 3).

Fig. 4. — Le Dolmen de Saint-Brice, dit encore Pierre Levée de Garde Epée ou de Pierre-de-la-Vache (Charente). — Photogr. A. Cousset [1er juillet 1912]. — N, Nord magnétique.

b) La paroi de droite ou Nord-est se composait de deux piliers ; le premier manque : c'est celui qui s'appuyait contre le pilier du fond ; il a été remplacé par une maçonnerie, sans mortier.

Le second est en place et s'appuie par un bout à cette maçonnerie et par l'autre contre le pilier qui ferme la chambre dolménique.

c) Le côté Sud est formé de ce dernier pilier, au bout duquel il existe, jusqu'à la paroi de gauche, un espace vide de 1m20 de largeur environ et qui sert d'entrée (*Fig.* 4).

d) La paroi de gauche ou Sud-ouest est formée de deux piliers, de très fortes dimensions ; le premier surtout est très épais ; le second s'appuie contre le pilier du fond, *e*) Dans le prolongement de cette même paroi (Sud-ouest), à gauche de l'Entrée du dolmen, on remarque un bloc allongé, sortant à peine de terre ; il paraît être posé de champ, dans la même direction, comme s'il était la suite de ce même côté (*Fig.* 3).

f) La couverture est formée de deux tables, qui dépassent leurs piliers latéralement ; les deux présentent de nombreuses cavités qu sont naturelles.

Sur la première table, deux groupes de fausses écuelles, représentent deux pas de Bovidé et doivent être la raison pour laquelle le vulgaire a donné au monument le nom de Dolmen de La Pierre de-la-Vache.

Le premier de ces pas est situé sur le milieu et la face supérieure de la grande table ; il a la forme d'un Pas de Vache ou de Bœuf, mais beaucoup plus grand que nature ; l'une des parties du sabot traverse la dalle, qui est épaisse de 0^m60.

Une autre fausse écuelle, mais de beaucoup plus petite (un Pied de Veau) existe sur le côté Nord-est de la même pierre et à la partie qui fait face à la petite table.

Fig. 5. — Le Faux Dolmen de Saint-Brice [Dessin de L. Coutil].

La seconde table, située au-dessus de l'entrée du dolmen, présente également de nombreuses et grandes cavités ; mais toutes sont informes.

g) L'Entrée du dolmen a dû être autrefois la même que celle que nous voyons actuellement au bout Est-Sud-Est.

Pétrographie. — Tous les matériaux de ce mégalithe sont des grès sableux, provenant des environs immédiats et probablement du petit bois situé vis-à-vis l'entrée du dolmen, dans lequel on trouve de nombreux grès, tout à fait semblables, soit épars ou rassemblés en tas sur une dune. Cette dernière disposition (blocs entassés) a fait penser longtemps qu'il y avait là un dolmen ruiné (*Fig.* 5) ; mais il n'en est rien.

Ce faux dolmen du bois a, dans l'un de ses blocs, une pétrification ferrugineuse, tout à fait semblable à une autre que porte la pierre de fond du dolmen vrai, à sa base extérieure et occidentale.

Par ce fait, nous ne voulons pas dire que les deux sont les moitiés d'une seule et même pièce de grès, mais que tous les deux, et aussi les autres, sont d'une nature tout à fait identique (Grès tertiaires).

ÉVOLUTION DU MÉGALITHE. — Ce monument est très bien conservé, et même bien entretenu, comme le dénote le soin que l'on a pris de murer l'emplacement d'un pilier disparu. Il forme, dans un site très pittoresque, l'un des plus beaux Dolmens de France !

CONCLUSIONS. — La seule lacune à combler serait de demander au *Touring-Club* de vouloir bien placer quelques poteaux indicateurs du dolmen aux croisements des principales routes, difficiles à trouver, conduisant à ce mégalithe.

M. Marcel BAUDOUIN. — J'ai visité ce monument, fort bien conservé et très intéressant, lors de la répétition préalable des Excursions du Congrès d'Angoulême. — J'ai surtout tenu à le montrer aux Congressistes : *a*) pour leur prouver qu'il n'y avait pas de vraies *Gravures sur rochers* sur la Table et que le fameux *Pied d'animal* signalé n'était qu'une Cavité naturelle [D'ailleurs on ne connaît pas encore une vraie sculpture sur Rocher représentant des Sabots de *Bovidés* !] ; *b*) pour leur montrer le *faux Dolmen* voisin, sur lequel discutaient toujours des Archéologues locaux.

J'ajoute que, d'après Trémeau de Rochebrune, la roche serait un *Poudingue quartzeux* ; mais c'est en réalité, un *Grès tertiaire* (ce qui explique les fausses sculptures). Le sol est bien constitué par des *Sables tertiaires* en ce point, et non par du *Cénomanien*, qui n'affleure pas en cette région.

La butte voisine, sur laquelle est un bloc de grès analogue, est aussi une butte de Sables tertiaires, avec lits de gros blocs de grès. Les *éléments* architectoniques du Dolmen de Garde-Épée, à Saint-Brice, sont donc locaux, et n'ont pas été amenés de loin.

Ce qui reste du Dolmen a été restauré à diverses reprises, en tant que Monument. Il se présente aujourd'hui très bien. Son entrée, au *Sud-est* [environ 110°] montre qu'il fut construit en se basant sur le *Soleil* à l'Equinoxe [90°]. De par le phénomène de la Précession des Equinoxes [110° — 90° = 20° = 15° D. M. + 5° E.], il correspond environ à 7.000 ans avant Jésus-Christ.

www.ingramcontent.com/pod-product-compliance
Lightning Source LLC
LaVergne TN
LVHW022120080426
835511LV00007B/930